하루 30분씩 30일이면
토플 에세이를 쓸 수 있다

하루 30분씩 30일이면
토플 에세이를 쓸 수 있다

1판 1쇄 인쇄 2018. 8. 24.
1판 1쇄 발행 2018. 8. 31.

지은이 김지완·김영욱

발행인 고세규
편집 이혜민 | 디자인 조명이

발행처 김영사
등록 1979년 5월 17일(제406-2003-036호)
주소 경기도 파주시 문발로 197(문발동) 우편번호 10881
전화 마케팅부 031)955-3100, 편집부 031)955-3200 | 팩스 031)955-3111

값은 뒤표지에 있습니다.
ISBN 978-89-349-8304-0 04740
     978-89-349-8300-2(세트)

홈페이지 www.gimmyoung.com   블로그 blog.naver.com/gybook
페이스북 facebook.com/gybooks   이메일 bestbook@gimmyoung.com

좋은 독자가 좋은 책을 만듭니다.
김영사는 독자 여러분의 의견에 항상 귀 기울이고 있습니다.

이 도서의 국립중앙도서관 출판예정도서목록(CIP)은 서지정보유통지원시스템 홈페이지
(http://seoji.nl.go.kr)와 국가자료공동목록시스템(http://www.nl.go.kr/kolisnet)에서
이용하실 수 있습니다.(CIP제어번호 : CIP2018026608)

하루 30분씩 30일이면
토플 에세이를
쓸 수 있다

김지완×김영욱 지음

3030
English 쓰기 4탄

김영사

Hello

안녕하세요! 〈3030 English〉 쓰기 시리즈의 저자 김지완, 김영욱입니다!

하하하! 반갑습니다.

〈3030 English〉 쓰기 시리즈는 기존 〈Just Write it!〉 시리즈를 〈3030 English〉의 30일 차 구성과 포맷에 맞게 개정하여 재출간한 교재 시리즈 입니다.

네 권으로 구성된 본 시리즈는 영어로 일기나 편지, 그리고 자기주장이 있는 글을 정말로 써보고 싶은 분들을 위한 책입니다.

남이 써놓은 글을 읽으면서 나도 그렇게 쓸 수 있겠다는 생각, 단어와 문법을 많이 알고 있기 때문에 웬만한 글쓰기를 할 수 있겠다는 짐작에서 그치는 것이 아닙니다. 본 시리즈는 정말 그런지, 정말 쓸 수 있는지 실제로 펜을 들고 써보자는 책입니다.

말도 해본 사람이 잘하듯, 글도 써본 사람이 잘 쓰지 않을까요?

소설가라면 타고난 재능과 남다른 상상력, 창의력이 훈련을 통해 빛을 발하면서 좋은 글로 나오지만, 일기나 편지, 에세이, 자기소개서와 같이 신변잡기적이고 실용적인 글은 문장가다운 재능이 아니라 각각의 형식에 맞게 자기가 좋을 대로 쓰는 것입니다. 능력이랄 것이 없습니다. 본 시리즈에서 영어로 쓰게 될 글이 바로 그렇습니다. 직접 써보는 연습이 필요한 것이지, 펜을 잡기도 전에 대단한 공부를 해야 하는 그런 것이 아닙니다.

저희 교재는 혼자서는 해볼 엄두가 나지 않는 영작문 책들과 다릅니다.

지금까지 라이팅 관련 책들은 수도 없이 출판되었고, 독자들의 마음을 들뜨게 하고선 실망만 주었습니다. 그 이유는 라이팅 교재가 아니라 라이팅 교재라는 탈을 쓴, 또 하나의 문법책이었기 때문이죠.

저희는 세계적으로 유명한 영어 글쓰기에 관한 책들을 보며 우리 수준에 맞게, 우리의 학습 습관에 맞게 실질적인 글쓰기 능력을 향상시키는 교재 포맷을 연구하여 이 시리즈를 탄생시켰습니다.

문법, 이젠 지겹지 않으세요? 〈3030 English〉 시리즈에서 여러 차례 언급한 것처럼 지금까지 배운 문법만으로도 충분합니다. 그냥 아는 문법과 어휘를 사용하여 자기만의 글을 써보는 건 어떨까요? 하루에 30분만이라도 꼬박꼬박 저희와 함께 글을 써봅시다. 정답은 없습니다. 자기가 이해할 수 있게 자기 수준에 맞게 자신감을 가지고 쓰는 것! 이것이 좋은 글쓰기의 시작입니다. 이 교재는 아주 쉽게 구성되어 있습니다. 너무 깊게 생각하지 마시고 그냥 편한 마음으로 써보세요. 마음이 동하는 대로 펜을 움직이세요.

항상 그렇습니다. 단순함 속에 비밀이 있습니다.

This book is

〈3030 English〉 쓰기 시리즈를 소개합니다.

각 권은 그 용도에 맞게 어휘, 원어민이 쓴 영문 샘플, writing tutor가 실려 있습니다. 특히 writing tutor는 어디서도 볼 수 없었던 새롭고 재미있는 내용으로 여러분의 글쓰기를 도와드릴 것입니다.

✖✖ 쓰기 1탄 '하루 30분씩 30일이면 영어 일기를 쓸 수 있다'

일기 쓰기 책이 시중에 참 많이 나와 있죠? 대부분 문제집처럼 문제를 주고 풀게 시키는 책이더라고요. '하루 30분씩 30일이면 영어 일기를 쓸 수 있다'의 특징이라면 무엇보다 자기가 자유롭게 일기를 써본다는 것이지요. 글은 써본 사람만이 쓸 수 있습니다. 일기도 역시 써본 사람만이 쓸 수 있죠. 기억하세요! 나만의 일기입니다. 그러므로 정답이 없습니다. 자기가 쓰고 이해할 수 있다면 우선은 그것으로 만족하세요.

✖✖ 쓰기 2탄 '하루 30분씩 30일이면 영어 편지와 소설을 쓸 수 있다'

이제부터는 상대방을 염두에 두는 글을 써볼까요? 1탄은 일방적인 나만의 글이었잖아요. 상대방에게 쓰는 가장 대표적인 글은 편지입니다. 편지는 크게 두 가지로 나눌 수 있죠. 가까운 사이에 쓰는 것과 회사 등에 보내는 공적인 서신, 이렇게요. 이 두 종류는 쓰는 표현이나 문장 형식이 확연히 다르답니다. 잘 눈여겨봐두세요. 그리고 '소설 쓰기', 재미있을 것 같지 않나요? 상상의 나래를 펼치며 재미있는 글을 만들다 보면 나도 모르게 영어 실력이 한 단계 올라가 있을 겁니다.

⠿ 쓰기 3탄 '하루 30분씩 30일이면 영문이력서를 쓸 수 있다'
취업을 앞둔 여러분, 그리고 직장을 옮길 마음이 있는 분들에게 강력 추천합니다. 판에 박힌 이력서와 자기소개서가 온갖 교재와 인터넷 관련 사이트에 수도 없이 등장합니다. 이런 것을 그대로 단어만 바꿔 썼다가는 좋은 결과를 기대할 수 없겠지요. 이 책에서는 이런 서류를 작성하는 기본을 익히고, 더 나아가 나만의 톡톡 튀는 이력서와 자기소개서를 하나씩 만들어보도록 합니다.

⠿ 쓰기 4탄 '하루 30분씩 30일이면 토플 에세이를 쓸 수 있다'
우리가 영어로 글을 쓰는 데 관심을 갖게 된 직접적인 계기가 바로 토플에서 에세이 형식의 라이팅 시험이 필수가 되면서부터였다는 것, 기억하나요? 토플 에세이는 제시되는 논제에 대해 서론, 본론, 결론에 맞추어 자신의 주장을 논리 정연하게 쓰는 가장 표준적인 글이랍니다. 여기서는 자기 생각을 전개하는 방법에서부터 글로 명료하고도 효과적으로 펼칠 수 있는 길을 제시합니다.

자, 잘 따라오세요.

Application

엄수하자!

하나.
〈3030 English〉쓰기 시리즈는 '공부한다'는 생각보다는 '글쓰기 체험을
한다'는 생각으로 임합니다.

둘.
저자들의 지시를 절대적으로 믿고 따라 합니다.

셋.
머리로 깊게 생각하지 말고 떠오르는 대로, 펜 가는 대로 그냥 '무조건' 써
봅니다.

넷.
연습이 중요한 만큼, 하루 30분은 반드시 영어로 글을 씁니다.

다섯.
글은 자기 수준에 맞게 씁니다. 자신이 아는 문법과 단어로 씁니다.
사전이나 다른 참고도서를 뒤적이지 말고, 이미 아는 것을 활용하는 연습
부터 합니다.

Contents

차례

Part 1

지피지기

같은 시간과 공을 들이고도 높은 점수를 받는 글쓰기는 따로 있다

TOEFL IBT Writing의 정체는 무엇이고

이 시험이 수험자에게 요구하는 능력은 무엇일까?

또 어떻게 임해야 하는 것일까?

1 TOEFL IBT Writing이란?

쉽고 짧게 말해서 '토플 에세이', 어렵고 길게 말하면 'TOEFL IBT Writing' 이라고 하는 시험에 대해 우선 간단히 소개하겠습니다.

기존 토플의 에세이 시험(TWE: Test of Written English)에서는 비교적 많은 사람들이 만족할 만한 성적을 받을 수 있었습니다. 시험에 출제될 writing 주제 185개가 사전에 공표되었기 때문이죠. 무방비 상태로 있다가 당일 시험장에서 제시 주제를 알게 되는 당혹스러움 없이, 좀 많긴 하지만 185개 주제 중 하나가 출제되니 이상적인 '답안'을 미리 달달 외워서 들어갈 수도 있고, 최소한 각 주제와 관련된 어휘나 쟁점을 알고 시험에 임할 수 있었죠.

그래서인지 토플이 IBT로 바뀌면서 많은 사람들이 큰 불안을 느끼며 걱정하고 있습니다. 바로 writing에 새롭게 추가되는 문제 형태 때문이죠. 예전 CBT writing에서는 30분 내로 제시된 주제에 대해 기승전결로 글을 완성하는 독립형 문제(Independent Writing Task) 한 개가 주어졌는데 IBT에서는 여기에 20분 제한의 통합형 문제(Integrated Writing Task)가 추가되었습니다. 결국 30분짜리 writing 시험이 시간상 거의 두 배가 된 것입니다.

통합형 문제(Integrated Writing Task) 역시 쓰는 것이지만 형태가 독특합니다. reading → listening → writing이라는 순서로 다음 표와 같이 이어지기 때문이죠.

Test 🕐

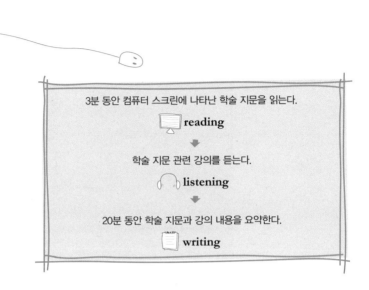

3분 동안 컴퓨터 스크린에 나타난 학술 지문을 읽는다.

reading

⬇

학술 지문 관련 강의를 듣는다.

listening

⬇

20분 동안 학술 지문과 강의 내용을 요약한다.

writing

각자의 의견 서술이 아니고 읽고 들은 내용을 요약해서 쓰는 것입니다. 학술 지문은 읽고 나면 강의를 듣는 동안 사라졌다가 글을 쓸 때 다시 참고할 수 있도록 스크린 왼편에 뜹니다. 그러나 강의 스크립트는 스크린에 뜨지 않습니다.

따라서 강의를 들을 때 필기(note-taking)를 얼마나 정확하고 효율적으로 하느냐가 관건입니다. 여기서 주의해야 할 점은 요약할 때 본문에 나온 단어를 쓰면 안 되며 바꿔 쓰기(paraphrasing) 해야 합니다.

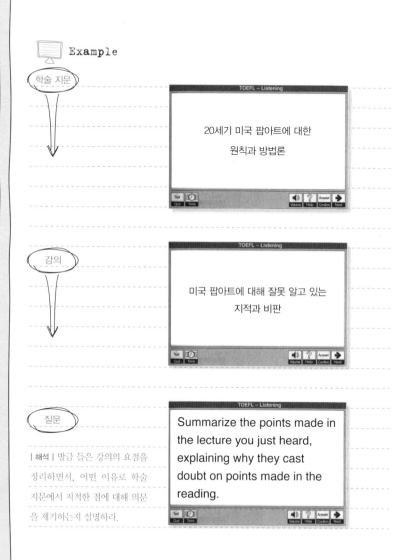

📺 Example

학술 지문

강의

질문

| 해석 | 방금 들은 강의의 요점을 정리하면서, 어떤 이유로 학술 지문에서 지적한 점에 대해 의문을 제기하는지 설명하라.

Test

에세이의 구성

모든 글은 서론 − 본론 − 결론의 형식을 갖추고 있어야 합니다. 다음
문제를 읽고 이에 대한 샘플 에세이를 살펴봅시다.

 Question

> | 질문 | The government has announced that it plans to build a
> new university. Some people think that your community would
> be a good place to locate the university. Compare the
> advantages and disadvantages of establishing a new
> university in your community. Use specific details in your
> discussion.

| 해석 | 정부에서 새로운 대학을 세울 계획을 발표했다. 어떤 사람들은 자기네 지역이 대학이 들어서
기에 적합하다고 생각한다. 당신이 속한 지역사회에 새로운 대학이 들어설 경우의 이점과 단점을 구
체적인 예를 들어 비교하라.

⭕ Introduction 서론 쓰기

서론은 글의 첫인상입니다. 누군가를 만날 때 첫인상이 좋아야 하는 것처럼 글의 첫머리는 읽는 사람으로 하여금 글을 끝까지 읽을 것이냐 말 것이냐를 결정짓게 하므로 전체의 내용을 한눈에 짐작케 하는 동시에 눈길을 끌어야 합니다. 우리말로 쓰든 영어로 쓰든 이 원리는 마찬가지입니다. 토플에서 요구하고 있는 서론 쓰기 방식은 다음과 같이 정해져 있기 때문에 큰 부담은 가지지 않으셔도 됩니다.

첫째, 읽는 사람의 관심을 끌기 위해 제목을 자연스럽게 글 안으로 끌어들입니다.

둘째, 본론에서 서술하게 될 내용을 간략히 요약해서 앞으로 나올 내용을 소개합니다.

🖿 Sample

Recently, the government has announced that it plans to build a new university in our community. I support this proposal because it will help to improve the standard of education in our town. It will also bring fame and recognition to our community.

| 해석 | 최근에 정부에서 우리 지역에 새로운 대학을 세울 계획을 발표했다. 난 이 안을 지지한다. 우리 동네의 교육 수준이 높아질 것이기 때문이다. 또한 지역사회의 명성과 인지도도 생길 것이다.

Test ⏱

○ Body 본론 쓰기

본론은 서론에서 제시한 내용을 구체적으로 설명하는 단계이고, 하나 이상의 문단으로 구성됩니다. 여기에서는 자신의 주장이 뚜렷하게 드러나야 하며, 주장을 입증할 적절한 논거를 제시해야 합니다. 토플의 평가 기준은 양적인 측면을 중시하지 않기 때문에 무조건 본론의 길이를 늘이기보다는 주장을 설득력 있게 전달하는 데 초점을 맞추도록 하세요. 시간상 평균 두 문단을 작성합니다. 각 문단에는 서론에 제시한 자신의 의견을 다시 소개하고 뒷받침할 만한 적절하고 설득력 있는 예를 듭니다.

📋 **Sample**

Building a new university in our neighborhood would increase the standard of education in our town. For example, in a recent case study conducted by the government, communities with a higher place of learning had a higher overall literacy rate than towns without one. This means that having a university in our town would create an academic atmosphere which will help improve the overall standard of education in our town.

| 해석 | 인근에 새로운 대학이 들어서면 우리 동네의 교육 수준이 향상될 것입니다. 예를 들어 정부에서 최근 실시한 사례연구에서 고등교육기관이 있는 지역이 없는 지역에 비해 전체 문맹률이 낮다고 나왔습니다. 이는 우리 마을에 대학이 있으면 학구적인 분위기가 조성되어 전반적인 교육 수준을 향상시키는 데 일조하게 될 것을 의미합니다.

◎ Conclusion 결론 쓰기

결론에서는 지금까지 서론, 본론에서 쓴 이야기를 매듭짓습니다. 서론에서 제시한 방향에 맞게 마무리해야 하는 것도 잊지 마세요. 결론에서 본론의 내용을 요약정리하는 것은 글의 논지를 명확히 하고 깔끔하게 정리하는 느낌을 주기 때문에 좋은 방법입니다. 기억하세요! 본론에서 다루지 않은 내용을 언급하면 안 됩니다. 본론의 내용을 요약하는 선에서 적당히 언급하고 최종적인 논평을 제시해야 합니다.

 Sample

In the end, everything has both advantages and disadvantages. In this case, even if building a new university increases pollution, brings crime, noise and possibly even chaos to the community, the benefits that it will bring to its residents, especially the younger generation by providing them the means to finish their education and prepare them for the future, can outweigh any disadvantages.

| 해석 | 결국 모든 일에는 장점과 단점이 있죠. 이번 경우에는 새로운 대학을 세워서 공해가 늘고 범죄와 소음이 발생하고, 어쩌면 지역사회에 혼란을 초래할 수 있을지라도 주민, 특히 젊은 세대가 교육을 마치고 미래를 준비할 수 있는 수단을 제공한다는 점은 어떤 단점도 잠재울 수 있습니다.

Test ⏱

3 좋은 에세이를 쓰기 위해 알아둘 것들

🕐 시간이 곧 점수!

토플 라이팅 강의를 하다 보면 모의시험 중 많은 학생들이 시간 배분의 중요성을 간과하는 경우를 종종 볼 수 있습니다. 아이디어가 떠오르지 않는다고 컴퓨터 스크린을 멍하니 들여다보며 시간 낭비하는 거죠. 시험 장에서 당황하지 말고 주제와 관련하여 떠오르는 단어나 문장을 차례로 적어보세요. 빠른 브레인스토밍 훈련은 필수적입니다. 물론 평소 기출문 제로 글을 써보는 반복연습 또한 큰 도움이 됩니다.

📖 다짜고짜 쓰지 말고 outline부터!

기본 포맷을 만들어두고 주제에 따라 응용해보세요. 일단 모범 에세이 를 많이 접해보아야 합니다. 어느 정도 감이 생기면 몇 가지 패턴으로 자기만의 포맷을 정하고 기출 주제 등을 통해 응용 연습을 합니다. 짧은 브레인스토밍이 끝나면 종이에 개요를 적어보는 습관을 들입시다. 쓰고 싶은 글의 요점을 정리해서 에세이의 틀을 잡는 것이죠.

📝 글은 쉽게!

좋은 글이란 읽는 사람이 쉽게 이해할 수 있어야 합니다. 쉬운 문장구조 를 사용해보세요. 문법 오류를 줄일 뿐 아니라 정해진 시간 안에 더 많 은 글을 쓸 수 있습니다. 그러나 단어와 문법이 영작의 기본 요소라는 사실, 다 알고 계시죠? 자주 쓰이는 단어와 다양한 동의어를 활용한다 면 단조로운 문장구조를 보완할 수 있을 뿐만 아니라 글쓰기와 바꿔 쓰 기(paraphrasing)에 큰 도움이 될 것입니다.

🔊)) ❓ Answer ➡

4 토플 에세이에 유용한 표현

◎ 본론에서 여러 가지를 순서대로 나열할 때

Firstly, secondly, thirdly

First, second, third

Simultaneously, concurrently (동시에)

Next, then, subsequently

Finally

◎ 예를 들 때

For instance, for example

To illustrate, in this situation

To demonstrate

◎ 내용을 추가하거나 덧붙일 때

Furthermore, in addition

And, what's more, equally important

◎ 대조를 나타낼 때

In contrast, nevertheless, unlike

Although, on the contrary, while

On the other hand

Test

◎ 자신의 의견을 제시할 때

In my opinion, in my point of view
Personally, I think, I feel

◎ 비슷한 점을 표현할 때

Likewise, similarly
Correspondingly

◎ 결론을 내릴 때

In conclusion, all in all, at last
Last but not least, in closing
Finally, to conclude, to sum up
In brief, conclusively

◎ 기타 유용한 연결 표현

In general (대체로, 일반적으로)
To clarify (명확히 말하자면)
In other words (다시 말해)

○ 센스 있는 글을 만드는 덩어리 표현

Empty vessels make the most noise. 빈 수레가 요란하다.

History repeats itself. 역사는 반복된다.

Never put off till tomorrow what may be done today.
오늘 할 일을 결코 내일로 미루지 말자.

Rome was not built in one day. 로마는 하루아침에 만들어지지 않았다.

Prevention is better than cure. 예방이 치료보다 낫다.

Better late than never. 하지 않는 것보다 늦었지만 하는 게 낫다.

The early bird catches the worm. 부지런해야 성공한다.

Birds of a feather flock together. 끼리끼리 모인다.

No gains without pains. 고생 없이는 결실도 없다.

No use crying over spilt milk. 엎질러진 물은 주워 담지 못한다.

Strike while the iron is hot. 기회를 놓치지 말라.

Practice makes perfect. 연습이 왕도.

All that glitters is not gold. 반짝인다고 모두 금이 아니다.

Every cloud has a silver lining. 괴로움이 있으면 즐거움도 있다.

To err is human. 인간이니 실수하는 것은 당연하다.

Easier said than done. 말하기는 쉽고 실천은 어렵다.

Kill two birds with one stone. 일석이조.

Test

○ 그 밖의 유용한 표현

a far cry from ~와 현격히 다른

a mixed blessing 희비가 엇갈리는 일

a piece of cake 간단한 일, 손쉬운 일

a tall order 어려운 주문, 요구

all for it 전적으로 동감하는

bent on ~에 열심인

boil down to 결국 ~이 되다

call it quits 일을 멈추다

come in handy 유용하다

cross one's mind 머리를 스쳐가다, 떠오르다

drag on and on 질질 끌다

face to face 직면의, 정면으로 마주보는

fair and square 공정하게

first and foremost 무엇보다도

from scratch 처음부터

get out of hand 통제가 불가능하게 되다

give the benefit of the doubt 의심하지 않고 믿어보다

hit bottom 최하를 기록하다

in a nutshell 간단히 말해서

in no time 즉시

in the dark 예측 불허의, 아는 게 없는

judging by my own experience 나의 경험으로 판단하기에

keep one's fingers crossed 잘되기를 빌다

learn the hard way 어렵게 배우다

made to order 안성맞춤인

no time to lose 시간이 촉박한

not to mention 말할 필요도 없이

on the rise 증가하는

once and for all 단 한 번에

out of the question 불가능한

pay lip service to 빈말을 하다

phase out 점점 줄어들다

pie in the sky 그림의 떡

O 그 밖의 유용한 표현

rain or shine 무슨 일이 있더라도
roll out the red carpet 크게 환영하다
running out of time 시간에 쫓기는
run the risk of ~의 위험을 무릅쓰다
see eye to eye with ~에게 동의하다
shy of ~이 부족한
skate on thin ice 위험한 일을 하다
slowly but surely 꾸준하게
stir up 선동하다
take for granted 당연하게 받아들이다
the bottom line 가장 본질적인 내용
tip of the iceberg 빙산의 일각
throw light on ~을 밝히다
to put it mildly 쉽게 말하자면
to raise the curtain on 시작하면
under the table 불법적으로, 비밀리에
without a hitch 아무 문제없이
without question 분명히, 명백히
worlds apart 정반대인, 동떨어진
year in and year out 언제나, 끊임없이

Part 2

통합형 문제에 도전하자

읽고, 듣고, 글 쓰는 통합형 글쓰기 유형

생소하고 막막한 문제 유형은

체계적으로 차근차근 연습하는 것만이 지름길!

📁 통합형 문제란?

통합형 문제에서는 우선 250~300자 정도의 텍스트가 스크린에 나옵니다. 이 글을 읽은 후 관련된 강의를 듣게 되는데 이때 핵심 내용을 노트할 수 있습니다. 그리고 나서 스크린에 문제가 제시되는데, 20분 동안 150~225자 정도의 글을 씁니다. 여기서는 텍스트와 강의 내용을 얼마만큼 논리 있게 연결시켜 글을 쓰는지 평가하게 됩니다.

문제 구성 : 통합형 문제 지문당 한 문제
소요 시간 : 25분(글 쓰는 시간: 20분)
지문 제시 : 읽기 → 듣기 → 쓰기

Part 2의 학습 구성

Part 2는 다음과 같이 3단계의 학습 방식으로 구성되어 있습니다.

▶ **지문의 주제 파악 연습**
　최대한 빠른 시간 안에 지문에서 말하고자 하는 내용을 정확히 파악하는 연습을 합니다.

▶ **리스닝 강의 주제 파악 연습**
　강의를 듣고 그 내용의 포인트를 잡는 연습을 합니다.

▶ **Paraphrasing 글쓰기 연습**
　같은 단어나 표현을 반복해서 쓴다면 글이 지루해지겠지요. 같은 의미라도 서로 다른 표현을 구사하는 연습을 합니다.

통합형 글쓰기

▶ I. 지문의 주제 파악 연습

1. 주어진 지문을 읽습니다. 처음에는 천천히 여러 차례, 나중에는 점
   점 빠른 속도로 단번에 읽어보도록 합니다.
2. Task의 공란에 자신이 생각하는 주제를 영어로 적습니다.
3. 다음 페이지로 넘겨 원어민이 쓴 모범답안을 봅니다.
4. 원어민의 답안에서 맘에 드는 표현이 있으면 배워봅니다.
5. 마지막으로 writing tutor를 읽어보고 머릿속에 새깁니다.

Passage
토플에서 흔히 볼 수 있는 지문이 제공됩니다.

TASK
위의 지문을 읽고 자기만의 글로 주제를 적어봅시다.

Sample Answer
원어민의 모범답안입니다. 자신의 것과 비교해봅시다.

writing tutor
글쓰기 요령과 꼭 필요한 문법 및 어휘에 대한 설명이 들어 있습니다.
머릿속에 잘 새겨두세요.

Passage

다음 지문을 잘 읽어보세요.

By the 1920s, comics had progressed to the point that they began to combine both humorous and serious subjects. Known as satirical comics, they bring humor to a relatively serious topic. They can also be found in most modern day newspapers. They deal with famous politicians or political situations. These comic writers hope to make the reader laugh while making these issues open to the public.

 TASK 위 지문의 주제를 간략하게 정리해서 써보세요.

• progress 진보하다, 발달하다 • humorous 유머러스한, 익살스러운
• serious 심각한, 진지한 • satirical 풍자의 • relatively 상대적으로, 비교적

Sample Answer

A brief introduction on satirical comics. Its definition and
description.

writing tutor 수능, 기억나시죠? 언어 영역에서도, 외국어
영역에서도 '주제 파악'은 가장 기본 유형입니다. 중요한 내용은 대
개 맨 처음이나 마지막에 나온다는 것 또한 기억한다면 시간을 좀
더 효율적으로 활용할 수 있습니다!
"By the 1920s, comics had progressed to the point that they
began to combine both humorous and serious subjects." 이 문장
이 주제문이라는 것, 눈치채셨나요? 그럼 이 문장만 제대로 paraphrase
하면 되겠죠?

| 해석 | 1920년대 만화는 유머러스한 주제와 심각한 주제를 결합하기 시작하는 수준으로 발전했다.
풍자만화라고 알려진 이런 만화들은 비교적 진지한 주제에 유머를 가미했다. 오늘날 대부분의 신문
에서도 이런 만화를 찾아볼 수 있다. 신문의 풍자만화는 유명 정치인이나 정치 상황을 다룬다. 이러
한 만화작가들은 이 사안을 일반에 공개함으로써 독자들에게 웃음을 주고자 한다.

Test ①

Passage 2

다음 지문을 잘 읽어보세요.

Most of the ice on the earth, close to 90 percent of it, is found on the surface of the continent Antarctica. It does not snow very much in Antarctica, but whatever snow does fall remains and accumulates. The cold weather conditions of this area guarantee this phenomenon. In some areas of Antarctica, the ice has been around for as much as a million years. In fact, scientists claim that in some areas snow has accumulated up to two miles deep.

 TASK 위 지문의 주제를 간략하게 정리해서 써보세요.

• Antarctica 남극대륙 • accumulate 축적하다, 모으다
• guarantee 보증하다 • phenomenon 현상
• claim 주장하다

 **Sample Answer**

Antarctica and its accumulation of ice/snow.

(writing tutor) 여기서는 "In fact, scientists claim that in some areas snow has accumulated up to two miles deep" 즉, 마지막 문장이 주제문임을 바로 알 수 있어야 합니다. 그렇다면 이 문장을 이용해 "The depth of snow in some Antarctic area"라고 다르게 표현할 수도 있을 겁니다.

| 해석 | 지구상의 90퍼센트에 육박하는 얼음은 대부분 남극대륙 표면에 존재한다. 남극대륙에는 눈이 많이 내리지 않지만, 내리는 눈이란 눈은 그대로 남아 쌓인다. 이 지역의 추운 기상 여건이 이러한 현상을 만드는 것이다. 남극의 일부 지역에는, 100만 년은 족히 된 얼음이 있다. 사실 과학자들은 어떤 지역에서는 눈이 2마일 깊이까지 쌓여 있다고 주장한다.

Test

Passage 3

다음 지문을 잘 읽어보세요.

'Primitive art' is a term used in a number of ways to describe works and styles of art. An example of how this term has been used is to describe the early period within the development of a certain style of art. Another example of how this term has been used is to describe works of artists who have received little or no professional training. Normally such artists are unconventional and untraditional in their approach to art.

TASK 위 지문의 주제를 간략하게 정리해서 써보세요.

• primitive 원시적인, 옛날의 • term 용어
• unconventional 판에 박히지 않은, 관습을 좇지 않는 • approach 접근 방식; 다가가다

  · Answer

 Sample Answer

What is 'primitive art' and some of its examples.

(writing tutor) 이제 문단의 제일 처음이나 마지막이 특히 중요하다는 것은 확실하게 파악이 되었을 겁니다. 하지만 가끔씩 등장하는, 익숙하지만 뭔가 새로운, 혹은 전문적인 단어가 두렵지는 않은지요? 가령, 이 문단의 제일 처음에 등장하는 'Primitive art'라는 표현은 꽤나 생소할 겁니다. 하지만 우리말로 해석되지 않는다고 걱정할 필요 없습니다. 보다시피, 이 문단의 내용이 바로 'Primitive art'가 무엇인지에 대한 설명이니까요. 우리말로 '해석'하는 것이 아니라 영어로 '주제 파악'하는 것이 중요하다는 점, 언제나 염두에 두어야겠죠?

| 해석 | '원시예술'은 예술 작품과 스타일을 묘사하는 여러 방법에 사용되는 용어다. 이 용어가 어떻게 쓰이고 있는지를 보여주는 한 예로, 이 표현은 특정 예술 형태가 발달하는 초기 상황을 가리킨다. 또 다른 예는 전문적인 훈련을 거의, 혹은 전혀 받지 않은 예술가의 작품을 설명할 때다. 보통 그런 예술가는 예술에 대한 접근법이 관습과 전통을 벗어나 있다.

Test ⏱

Passage 4

다음 지문을 잘 읽어보세요.

The central region of a hurricane is termed "the eye of the storm." Many of you might have information from the mass media that this location is where the storm is nonviolent and calm. In the eye of the storm, the violent winds of a hurricane are calm and no rain falls. In some situations, sunlight can even penetrate the hurricane to shine down on the eye. This phenomenon occurs when air spins around the center of the hurricane. This spinning air rises and pulls moisture with it away from the center, hence leaving behind dry, clear air.

 TASK 위 지문의 주제를 간략하게 정리해서 써보세요.

• mass media 대중매체 • penetrate (빛, 목소리 등이) 꿰뚫다, 통과하다, 스며들다

Sample Answer

The eye of the storm—the calm in the center of a hurricane.

(writing tutor) 알다시피 토플은 미국 대학에서 수업을 들을 수 있을 정도의 식견을 '영어로' 갖추고 있는지 평가하는 데 주된 목적이 있습니다. 그렇다면, 인문, 과학, 예술 등의 여러 가지 분야에 대한 지식을 고루 갖추는 것이 중요하겠지요? 조금 어렵더라도 평소에 영자신문이나 잡지 등을 통해 폭넓은 지식을 접하는 게 큰 도움이 될 것입니다.

| 해석 | 허리케인의 중심부를 '폭풍의 눈'이라고 지칭한다. 여러분 중 많은 사람들이 언론을 통해 폭풍의 이 지점은 파괴적이지 않고 고요하다는 정보를 들었을 것이다. '폭풍의 눈'에서는 허리케인의 광포한 바람이 잠잠하고, 비도 내리지 않는다. 어떤 경우에는 햇빛이 허리케인을 뚫고, 눈에까지 내리비친다. 이러한 현상은 공기가 허리케인 중심부를 돌 때 발생한다. 이렇게 회전하는 공기는 상승하면서 중심부로부터 습기를 빨아들인다. 이렇게 해서 건조하고, 맑은 공기를 남겨둔다.

Test

Passage 5

As many of you already know whales are mammals. Accordingly, scientists believe that whales were descended from land animals rather than from fish. An example to support this claim has recently been found in Africa. The fossils of a whale millions of years old showed evidence of a kneecap, ankle, foot bones, and even toes. The fossils showed that these bones were disproportionate to the large body mass of the whale. This proves the hypothesis that as whales became larger and began to live in water, their feet became decreased in size.

 TASK 위 지문의 주제를 간략하게 정리해서 써보세요.

• descend 내려오다 • claim 주장, 단언; 청구 • kneecap 슬개골
• disproportionate 균형 잡히지 않은, 부적당한 • evolution 진화, 발달, 전개

Sample Answer

The evolution of whales from land animals to sea animals.

---

writing tutor 상당히 까다로운 편에 속하는 지문입니다. 앞에서 말씀드린 경우와는 달리 문장의 맨 처음이나 마지막 부분만을 살펴서는 정확하게 핵심을 짚어낼 수 없기 때문이죠. 이런 경우에는 각 문장을 찬찬히 살피면서 흐름을 파악하는 것이 중요합니다. 또한 이 같은 학술 지문은 많은 경우에 특정한 주장 또는 학설을 뒷받침하기 위한 예가 제시되어 이를 통해 주제를 파악할 수 있다는 것, 기억해두면 좋겠지요?

| 해석 | 많은 사람이 고래가 포유류라는 것을 이미 알고 있다. 따라서 과학자들은 고래가 물고기보다는 육지 동물의 후손이라고 믿는다. 이 주장을 뒷받침하는 한 예가 최근 아프리카에서 발견되었다. 이 수백만 년 전의 고래 화석은 슬개골, 발목, 발 뼈, 심지어 발가락의 흔적까지 보여주었다. 화석을 통해 이 뼈들이 고래의 거대한 몸집에 적당하지 않다는 것도 드러났다. 이는 고래가 점점 더 커지고 물속에 살기 시작하면서 발이 작아졌다는 가설을 증명한다.

Test ⏱

Passage 6

다음 지문을 잘 읽어보세요.

The English names of the last four months of the Gregorian calendar have rather interesting histories. September, October, November, and December represent the 9th, 10th, 11th, and 12th month respectively. However, their names do not necessarily reflect their positions in the calendar. The name September originates from the Latin word *septum* which means seven. October originates from the Latin word *octo* meaning eight. Similarly, November and December comes from the Latin words *novem* and *decem* which mean nine and ten respectively.

 TASK 위 지문의 주제를 간략하게 정리해서 써보세요.

• Gregorian calendar 그레고리 달력 • necessarily 반드시, 물론, 필연적인 결과로서
• reflect 반영하다, 나타내다 • originate 시작하다; 비롯하다, 생기다

Sample Answer

The origin of the names September, October, November, and December.

writing tutor 이 글에서 염두에 두어야 할 문장을 하나 고른다면? 바로 내용의 전환을 가리키는 접속어 'However...'로 시작되는 부분입니다. 전환 접속어로 시작된 문장에는 항상 주목할 필요가 있습니다. 왜냐하면 그 이후에 전개되는 내용이 주제를 드러낼 수 있기 때문이지요. 이와 비슷한 접속어 still, in spite of, nevertheless 등도 기억해두세요.

| 해석 | 그레고리력의 마지막 네 달의 영어 이름에는 매우 흥미로운 사실이 있다. September, October, November, December는 각각 9월, 10월, 11월, 12월을 나타낸다. 하지만 그 이름이 반드시 달력에서의 순서를 반영하지는 않는다. September는 라틴어로 7을 의미하는 septum에서 유래되었다. October는 8을 의미하는 octo를 의미한다. 비슷하게 November와 December는 라틴어로 각각 9와 10을 의미하는 novem과 decem에서 왔다.

Test

Passage

다음 지문을 잘 읽어보세요.
Some people place a high value on loyalty to their employer. They believe that the company is responsible for the employee's career. The company will make decisions for the employee about his job. These decisions may include deciding to raise employees to higher positions or keeping them in the old position. In this way, the company will have an overall plan for the good of the company and its employees. In this system, responsible employers can assure that their employees will receive their utmost concern and attention.

 TASK 위 지문의 주제를 간략하게 정리해서 써보세요.

• overall 전부의, 전체에 걸친, 총체적인 • assure 확실하게 하다, 보장하다
• utmost 최대한의, 최고의, 극도의

Sample Answer

The reason why people should place a high value on loyalty to
their employers.

(writing tutor) 혹시 이 글의 첫 부분에 나오는 'place'라는 단
어가 왠지 생소하신가요? 'place'는 보통 '장소, 위치'라는 뜻으로 사
용되지만, 이 문장에서는 '~에 두다'라는 의미의 동사로 사용되었습
니다. 이처럼 영어는 단어 하나가 여러 가지 품사와 뜻을 가지고 있
는 경우가 대부분입니다. 첫 문장부터 당황하지 않으려면, 한 어휘
의 다양한 뜻과 용도를 잘 알아두는 게 좋겠죠?

| 해석 | 어떤 사람들은 고용주에 대한 충성에 높은 가치를 둔다. 그들은 회사가 고용인의 경력을 책
임진다고 믿는다. 회사는 고용인의 업무를 결정할 것이다. 이 결정에는 고용인을 승진시킬지 그대로
둘지 정하는 것이 포함될 수 있다. 이런 식으로 회사는 회사와 고용인의 이익을 위한 총체적인 계획
을 가질 것이다. 이런 체계에서 책임감 있는 고용주는 고용인이 최고의 관심과 배려를 받게 되리라
고 보장할 수 있다.

Test

Passage 8

다음 지문을 잘 읽어보세요.

The people of the community will welcome the announcement of the government's plan to build a university. Building a new university can offer a lot of opportunities for everyone. First, it will provide an excellent alternative to the existing university, which, unfortunately, cannot accommodate the growing numbers of students each year. Secondly, this will stop the monopoly of education, hence halting its stagnating quality. This can be achieved by healthy competition amongst institutions to maintain and improve their standards of education.

TASK 위 지문의 주제를 간략하게 정리해서 써보세요.

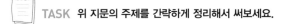

• alternative 대안 • accommodate 숙박을 제공하다; 수용하다 • monopoly 독점
• stagnant 침체된, 부진한 • amongst ~의 사이에, ~의 가운데에

Sample Answer

Reasons for supporting the proposal of building a new university in the community.

---

writing tutor 이 글에서는 세부사항을 설명할 때 사용되는 접속 표현으로 'First' 'Secondly'를 사용한 것을 알 수 있습니다. 이 외에도 first of all, most of all, above all을 쓴 후 가장 중요한 이유를 설명할 수 있고, as well 혹은 furthermore를 사용하여 내용을 더 첨가할 수도 있습니다. 또한 firstly, secondly, thirdly도 틀린 표현은 아니지만 first, second, third로 나열해서 설명하는 경우가 더 흔하다는 점도 말씀드립니다.

| 해석 | 지역사회 구성원들은 정부의 대학 설립 계획 발표를 환영할 것이다. 새로운 대학 설립은 모두에게 많은 기회를 제공할 수 있다. 우선, 불행히도 매년 늘어가는 학생 수를 감당할 수 없는 기존 대학에 훌륭한 대안을 제공할 것이다. 둘째로, 교육의 질적 정체를 막아 교육 독점을 막을 것이다. 이는 교육 수준을 유지하고 향상하는 기관 간의 건전한 경쟁에 의해 성취될 수 있다.

Test

Passage 9

다음 지문을 잘 읽어보세요.

Can we say that Pluto is a planet? Many of us believe that it is. In fact, scientists have believed that Pluto is a planet for many years. However, recent discoveries have experts questioning this belief. Yet, until proven otherwise, we can still claim that Pluto is a planet. Like most planets, it possesses enough gravity to form itself into a spherical shape. It even has a thin layer of atmosphere. Despite new revelations about the planet, many people feel that Pluto should remain known as a planet.

 TASK 위 지문의 주제를 간략하게 정리해서 써보세요.

• planet 행성 • whether ~인지 어떤지 • otherwise 그렇지 않다면; 달리

• spherical 구형의, 구체의 • revelation 폭로, 적발, 누설, 발각

Sample Answer

Reasons for supporting the idea that Pluto is a planet.

(writing tutor) 이 글은 의문문으로 시작되었습니다. "Can we say that Pluto is a planet?"을 통해서 명왕성이 행성인지 아닌지를 이야기하는 내용이 이어질 것임을 예측해볼 수 있습니다. 글 곳곳에 숨어 있는 힌트를 놓치지 않는 센스! 중요하겠지요. 그리고 'until proven otherwise' 부분, 뭔가 어색해 보이나요? 'Until it's proven otherwise'에서 주어와 be동사가 생략된 분사구 형태입니다. 'otherwise'의 해석이 어렵다고요? 여기서는 '그렇지 않게, 다르게'의 뜻으로, 이 구문은 '그렇지 않다고 증명될 때까지'로 해석합니다.

| 해석 | 명왕성을 행성이라고 할 수 있을까? 많은 사람들이 그렇다고 믿는다. 사실 과학자들은 오랫동안 명왕성이 행성이라고 믿어왔다. 그러나 최근 발견된 바로는 전문가들의 믿음에 의문을 갖게 하지만, 그렇지 않다고 증명될 때까지는 여전히 명왕성이 행성이라고 주장할 수 있다. 대부분의 행성처럼 명왕성은 스스로 구체의 모양을 유지하기에 충분한 중력을 지니고 있으며 얇은 대기층도 가지고 있다. 많은 이들은 명왕성에 대한 새로운 사실에도 불구하고 여전히 명왕성이 행성으로 알려져야 한다고 생각한다.

Test

Passage 10

다음 지문을 잘 읽어보세요.

Most people picture sharks as huge, powerful, frightening predators ready to attack unsuspecting swimmers at a moment's notice. However, this is a stereotype which needs to be corrected. First of all, not all sharks are huge. Secondly, it is true that predatory species of sharks have teeth made for cutting and slashing. However, many sharks have teeth more suited to grabbing and holding. In fact, not all sharks have hundreds of teeth lined up in their jaws. Last of all, only 12 of the 350 species of sharks have been known to attack humans; in most cases sharks need to be provoked to attack.

TASK 위 지문의 주제를 간략하게 정리해서 써보세요.

• predator 약탈자, 포식동물, 육식동물 • unsuspecting 의심하지 않는, 신용하는

• stereotype 고정관념; 전형 • slashing 마구 베는, 날카로운, 가차 없는

• provoke 화나게 하다, 약 올리다

Sample Answer

Reasons to show why sharks are not dangerous animals.

----

writing tutor 이 글이 시작되어 전개되는 과정을 잠시 살펴
볼까요? 우선 "Most people picture sharks as huge, powerful,
frightening predators"라고 잘 알려진 사실을 제시한 후 'however'
로 반론을 제기합니다. 이처럼 많은 경우 일반적인 의견이 제시된
후 반론으로 주된 내용이 전개됩니다. 또한, 여기서 'picture'가 '사
진, 그림'이라는 뜻이 아니라 '마음에 그리다, 상상하다'라는 동사로
사용되었다는 것, 문맥 속에서 파악하는 데 어려움이 없으셨기를 바
랍니다.

| 해석 | 대부분의 사람은 상어를 방심한 채 수영하는 사람을 순식간에 공격할 태세를 갖춘 거대하고
힘세고 무서운 포식동물로 묘사한다. 그러나 이는 고쳐야 할 고정관념이다. 무엇보다 모든 상어가
다 크진 않다. 둘째로, 육식상어종이 자르고 베기 좋은 이빨을 가지고 있는 건 사실이지만, 많은 상
어가 잡아채고 붙들기에 더 적당한 이빨을 가지고 있다. 사실 모든 상어가 턱에 수백 개의 이빨을 가
진 것은 아니다. 마지막으로, 350종의 상어 중 오직 12종만이 인간을 공격하는 것으로 알려져 있다.
그리고 대부분의 경우 상어는 공격할 수밖에 없도록 자극받기 전에는 공격하지 않는다.

Test

▶ II. 리스닝 강의 주제 파악 연습

1. mp3파일(www.gimmyoung.com에서 '3030 English mp3 다운로드' 배너 클릭)로 강의를 듣습니다. 처음에는 여러 차례 듣지만, 익숙해지면 한 번만 들어보도록 합니다.
2. 들으면서 주요 내용을 메모해봅니다.
3. Task의 공란에 자신이 생각하는 주제를 영어로 적습니다.
4. 다음 페이지로 넘겨 원어민이 쓴 모범답안을 봅니다.
5. 마지막으로 writing tutor를 읽어보고 머릿속에 새깁니다.

 TASK

mp3파일로 해당 강의를 듣고 자기만의 글로 주제를 적어봅니다. 강의를 들을 때 주요 내용을 하단 메모지에 적어봅시다.

 Sample Answer

원어민의 모범답안입니다. 자신의 것과 비교해본 다음 원어민의 답안에서 맘에 드는 표현이 있으면 배워봅니다.

 writing tutor

글쓰기 요령과 꼭 필요한 문법 및 어휘에 대한 설명이 들어 있습니다.

Note-taking

강의를 들으며 원어민이 받아 적은 부분입니다. 자신의 것과 비교해보세요.

Passage

TASK 다음 강의를 듣고 주제와 중요한 요점을 파악하세요. mp3파일 듣기

들으면서 핵심 내용을 적어보세요.

• frontier 국경 지방, 변경 • necessities 필수품, 필수 불가결한 것
• recreation 기분 전환, 오락 • hectic 소모적인, 몹시 바쁜

  Answer

Sample Answer

The origin of log rolling for entertainment as well as survival
during frontier days in America.

(writing tutor) 강의를 듣는 동안에는 note-taking이 가능합
니다. 즉, 본인이 중요하다고 생각하는 부분을 필기해둘 수 있다는
거죠. 이 글에서 핵심 부분을 찾는다면 아마도 "it was common for
recreation to be combined with activities needed for survival"일
것입니다. 이 내용을 들으면서 combination with activities and
survival이라고 간단하게 적어놓을 수 있다면, 듣고 나서 문제를 풀
때 써놓은 것을 보고 기억할 수 있습니다. 앞으로 제시되는 note-
taking을 참고로 실제 시험에 대비해 연습해보세요.

| 강의 지문 | Human nature is such that we all prefer to get together and have
fun, and people living during America's frontier days were no exception.
However, because life was hard and the necessities of day-to-day living
took up most people's time, it was common for recreation to be combined
with activities needed for survival. An example of such a recreation was log
rolling. Many areas of America in that era were largely wooded forests.
People needed to remove these trees to build towns and communities.
However, a single woodcutter could not remove the log after it was cut.
Instead, he would invite a couple of people over for a game of log rolling.

Test

Many families would gather for this daylong event. The women would take time out from their normal hectic chores to prepare a picnic. The men would participate in competitive log rolling competitions to move the logs to another area. All in all, it would be a day of both fun and work.

note-taking

```
activities          survival
log rolling
```

| 해석 | 인간은 모여서 놀기 좋아하며, 미국 개척 시대의 사람들도 예외는 아니었습니다. 그러나 삶은 고달프고 대부분의 시간을 일상생활에 꼭 필요한 일에 할애해야 했기 때문에 생존에 필요한 행위가 결합된 레크리에이션이 흔했습니다. 그러한 레크리에이션의 한 예로 통나무 굴리기가 있습니다. 그 시대 미국의 많은 지역은 거대한 나무숲이었습니다. 사람들은 마을과 지역사회 건설을 위해 나무를 제거해야 했죠. 그러나 나무꾼 혼자서 베어낸 통나무를 치울 수는 없었습니다. 대신 그는 통나무 굴리기 경기에 몇몇 사람을 초대했습니다. 많은 가족이 하루가 걸리는 행사에 모였습니다. 여자들은 일상적인 바쁜 집안일에서 벗어나 소풍 준비를 했습니다. 남자들은 나무를 다른 지역으로 옮기는 경쟁적인 통나무 굴리기 경기에 참가했습니다. 말하자면 놀이와 일 두 가지 모두의 날이었습니다.

Passage 2

TASK 다음 강의를 듣고 주제와 중요한 요점을 파악하세요. mp3파일 듣기

들으면서 핵심 내용을 적어보세요.

• **gigantic** 거대한, 막대한 • **amplitude** 넓이, 크기, 진폭
• **shallow** 얕은 • **extensive** 넓은 범위에 걸친, 광대한 • **seismic** 지진의, 심한

Test

Sample Answer

How Tsunamis take place and the possible damages that can
be imagined.

writing tutor 어떤 자연현상에 대한 설명이라는 것, 이미
Tsunami가 나오면서 눈치채셨겠죠? '자연현상'에 대한 설명이 나올
때 당연히 그 '영향'과 관련된 내용이 이어진다고 감각적으로 예측할
수 있다면, 토플에서의 문제풀이가 좀 더 수월할 수 있을 겁니다.

| 강의 지문 | Tsunamis occur when the sea bottom suddenly moves during an
underwater earthquake or during volcanic activity. Such underground
phenomenon sends extreme shock waves to the surface of the sea causing
a series of gigantic waves to form. These waves can often travel great
distances at high speeds. In deep water, these waves seemingly have a low
amplitude. However, when they travel towards the shallower regions of a
coastline, their height can increase by several times. Hence, tsunamis cause
extensive damage and loss of lives when they hit a coast. Tsunamis often
occur in the Pacific as it is a region of high seismic activity.

note-taking

```
Tsunamis occur
phenomenon
shock
travel great distance
```

| 해석 | 쓰나미는 바닷속 지진이나 화산활동으로 바다의 바닥이 갑자기 움직이면서 일어납니다. 그러한 지하 현상은 바다 표면에 일련의 거대한 파도를 만들 정도의 극심한 충격을 줍니다. 이러한 파도는 종종 빠른 속도로 엄청난 거리를 이동할 수 있습니다. 이 파도는 깊은 물속에서 폭이 낮은 것 같지만 물이 얕은 해안 지역으로 가면 높이는 몇 배가 됩니다. 따라서 쓰나미가 해안을 덮치면 광범위한 피해와 엄청난 인명 손실을 야기합니다. 쓰나미는 지진 활동이 많은 태평양 지역에서 종종 일어납니다.

Test

Passage 3

TASK 다음 강의를 듣고 주제와 중요한 요점을 파악하세요. mp3파일 듣기

들으면서 핵심 내용을 적어보세요.

• allergic 알레르기 반응의, 신경과민의 • range ~의 범위에 이르다

• irritation 염증, 아픔 • precise 정확한 • agent 병원체; 대행자 • feline 고양이과의

 **Sample Answer**

The fact that cats can be allergic to products used by humans.

(writing tutor) 이 강의는 매우 흔한 형태인 'Many people…' 로 시작하고 있습니다. 역시 흔히 잘못 알고 있는 것, 혹은 일반적으로 알려진 사실과 다른 주장을 제시하기 위해 many people 혹은 most people을 주어로 문장이 시작되는 것이지요. 그리고 이 강의 에서는 However 등의 대조를 이루는 표현이 아니라 'Interestingly' 를 사용해 다음에 올 내용을 연결한 데 유의하세요.

| 강의 지문 | Many people are allergic to cats. These allergic conditions range from sneezing, rashes, and irritation of the eyes. Interestingly, it is not just the humans that suffer from allergies. Cats have been known to be allergic to humans as well. To be more precise, they are allergic to products used by humans. Human products such as perfumes contain similar agents which cause allergies in cats. That is why some of you who have cats as pets might notice these felines sneezing or having watery eyes. To confirm whether your cat is allergic to your perfume, you would have to go see a veterinarian with your pet. Just remember that it is not only these creatures that have such allergic conditions!

Test

note-taking

```
cat
allergic to humans
```

| 해석 | 많은 사람이 고양이에 알레르기가 있습니다. 이 알레르기 상태는 재채기가 나고, 발진이 돋거나, 눈에 염증이 생기기도 합니다. 흥미롭게도 알레르기로 고통받는 것은 인간뿐만이 아닙니다. 고양이 역시 인간에게 알레르기를 갖는다고 알려져 있습니다. 좀 더 정확히 말하면 고양이는 인간이 사용하는 물건에 알레르기 반응을 보이죠. 향수 같은 인간의 물건은 고양이에게 알레르기를 유발하는 유사 매개체가 들어 있습니다. 애완동물로 고양이를 키우는 사람 중에 고양이가 재채기하거나 눈에 눈물이 나는 것을 보는 이유도 여기 있습니다. 고양이가 당신이 쓰는 향수에 알레르기가 있는지 확인하려면 수의사에게 데려가야 합니다. 단, 알레르기 질병을 갖는 동물이 고양이뿐만이 아니라는 걸 기억하세요.

Passage 4

TASK 다음 강의를 듣고 주제와 중요한 요점을 파악하세요. mp3파일 듣기

들으면서 핵심 내용을 적어보세요.

• **triple** 삼중의, 세 부분으로 되는 • **contradictorily** 반대로
• **interstellar** 별과 별 사이의, 성간의 • **lifetime** 일생, 생애, 수명

Test

Sample Answer

The distance and gap of time between the stars in the sky and us on earth.

---

writing tutor 어려우시죠? 강의 처음부터 들려오는 'Alpha Centauri' 'Proxima Centauri' 같은 단어 말이죠. 더군다나 '과학'과 관련된 지문은 우리말로도 이해하기 어려울 때가 많은데, 영어로, 심지어 리스닝을 해야 할 때의 어려움은… 차마 말로 다할 수 없습니다. 이러한 어려움을 조금이나마 덜 수 있는 단어를 찾는다면 어떤 걸까요? 바로 'contradictorily'입니다. '반대로'라는 뜻으로, on the contrary라는 표현과 바꿔 쓸 수 있죠. 이처럼 내용의 전환을 의미하는 접속사에 귀를 기울이고, 바로 뒤에 이어지는 내용을 파악할 수 있다면, 어려운 과학 용어에도 불구하고 돌파구를 찾을 수 있을 것입니다.

| 강의 지문 | Alpha Centauri is a triple-star system. One of the three stars in Alpha Centauri is Proxima Centauri, which is the nearest star to earth other than the sun. Proxima comes from the Latin word which means "close." Contradictorily, this star is not as close to earth as people might think. In fact, its distance from earth is so large that exact figures are hard to calculate. Interstellar distances are so great that humans have no means of

reaching this star in a single lifetime. The only way we can see this star is in the night sky. However, scientists believe that the light we see from Proxima takes four years to travel to earth, meaning that what we see now in our night sky of this star is its image of four years ago.

note-taking

```
not as close as...
distances are so large
takes 4 years...
```

| 해석 | 켄타우루스자리의 알파(Alpha Centauri)별은 세 개의 별로 이루어진 별자리(star system)입니다. Alpha Centauri의 별 세 개 중 하나는 Proxima Centauri인데, 이것은 태양을 제외하고 지구에서 가장 가까운 별입니다. Proxima는 '가깝다'라는 라틴어에서 유래한 것입니다. 모순되게도 이 별은 사람들이 생각하는 것만큼 지구와 가깝지 않습니다. 사실 지구와 별의 거리는 너무 엄청나서 정확한 수치를 계산하기 어렵습니다. 별 간의 거리는 인간이 평생 가도 닿을 만한 수단이 없습니다. 우리는 오직 밤하늘에서 이 별을 볼 수 있습니다. 그러나 과학자들은 우리가 보고 있는 Proxima의 빛이 지구에 닿는 데 4년이 걸린다고 믿습니다. 즉, 지금 밤하늘에서 보는 이 별의 형상은 4년 전의 것이라는 뜻이죠.

Test

Passage 5

 TASK 다음 강의를 듣고 주제와 중요한 요점을 파악하세요. mp3파일 듣기

들으면서 핵심 내용을 적어보세요.

• utilize 이용하다, 활용하다 • compose 구성하다, 만들다, 작곡하다

• latter 나중 쪽의, 후자의 • vibrant 활기에 넘치는, 활발한 • stagnant 정체된, 활기 없는

Sample Answer

How tree rings are formed: the details based on cell growth from seasons.

writing tutor 'ring'이라고 하면 어떤 것을 떠올리게 되나요? 아마도 '반지'나 '고리', 혹은 '전화 걸다' 정도이겠지요. 하지만 이 강의에서는 '나이테'라는 뜻으로 사용되었습니다. 어려운 단어 100개의 의미를 하나씩 아는 것보다, 이처럼 흔하고 쉬운 단어의 다양한 쓰임을 아는 것이 영어 공부에서 훨씬 중요하다는 사실! 결코 간과해서는 안 되겠지요?

| 강의 지문 | The number of rings in a tree is utilized to identify the age of a tree. Every year a tree produces a ring composed of a wide, light-colored band and a narrow, dark-colored band. The former is produced during the spring and summer when tree stems grow at a faster rate. The latter is produced in fall and winter when cell growths limited. People use these bands to determine the age of a tree. Many people might know that tree rings are related to the age of a tree, but not many know that these rings are in fact an indication of vibrant or stagnant cell growth.

Test

```
rings in a tree
identify the age of a tree
cell growth
```

| 해석 | 나무에 있는 테의 수는 나무의 나이를 확인하기 위해 활용됩니다. 매년 나무는 넓고 흐린 색깔의 띠와 좁고 진한 색깔의 띠로 이루어진 테를 만듭니다. 전자는 봄과 여름 동안 나무줄기가 비교적 빠르게 자랄 때 생기고, 후자는 가을과 겨울에 세포 성장이 제한될 때 생깁니다. 사람들은 이 테를 나무의 나이를 가늠하는 데 이용합니다. 많은 이가 나이테가 나무의 나이와 관련이 있다는 사실은 알고 있지만 이 테들이 사실 세포 성장이 활발한 시기와 침체기의 표시라는 것은 잘 모릅니다.

Passage 6

 TASK 다음 강의를 듣고 주제와 중요한 요점을 파악하세요. mp3파일 듣기

들으면서 핵심 내용을 적어보세요.

• symbolic 상징적인, 기호적인 • notion 개념, 생각, 의향, 의지
• theoretical 이론상의, 이론적으로만 존재하는
• perspective 견해, 방식 • attitude 태도

 Test

Sample Answer

What symbolic interactionism is in social psychology and some examples of the study.

writing tutor 영어 리스닝에서 가장 중요한 포인트 중 하나가 무엇일까요? 바로 영어를 영어 그대로 받아들이는 겁니다. 무슨 말이냐고요? 들으면서 우리말로 해석하려고 해서는 효과적인 듣기를 할 수 없다는 것이죠. 문장 자체를 100퍼센트 이해하려고 무리하지 마세요. 바람처럼 지나가는 단어를 하나하나 다 들을 수는 없죠. 정 어렵다면, 들리는 단어를 가능한 한 많이 note-taking 해보는 것도 하나의 방법이라고 할 수 있습니다.

| 강의 지문 | An important theoretical perspective in sociology is the notion of symbolic interactionism. We have talked about how we examine social behavior in this course, and how that behavior arises from intentions and motivations what we might call "meanings" and leads to certain events or results. As social psychologists, we try to understand this relationship between the individual mind, the group, and the behaviors that result. Our first task is to determine how our feelings and behaviors are influenced by the actual or implied presence of other humans. My feelings and behaviors are related to and influenced by the people around me, just as yours are.

  Answer

My level of trust, for example, is dependent in part on how you behave towards me, to some extent. Each individual influences the beliefs, attitudes, and behaviors of other individuals around us.

```
sociology
symbolic interactionism
try to understand
task
```

| 해석 | 사회학에 있어 중요한 이론적 견해 중 하나는 상징적인 상호영향론의 개념입니다. 우리는 이 과정에서 사회적 행동을 어떻게 고찰하는지, 그 행동이 의도와 '목적'이라 부르는 동기에서 어떻게 발생하는지 그리고 어떤 사건이나 결과를 이끌어내는지에 대해 논해왔습니다. 사회심리학자로서 우리는 개인의 마음과 단체, 결과로 나온 행동 간의 관계에 대해 이해하고자 합니다. 첫 번째 과제는 우리의 기분과 행동이 실질적인 혹은 암시적인 타인의 존재에 의해 어떻게 영향받는지를 결정하는 것입니다. 여러분처럼 제 느낌과 행동도 주위 사람들과 연관되고 영향을 받습니다. 예를 들어 저의 신뢰 수준은 어느 정도는 여러분이 내게 어떻게 행동하느냐에 달려 있습니다. 각 개인은 주위의 다른 개개인의 믿음, 태도, 행동에 영향을 줍니다.

Test

DAY
-14

Passage 7

 TASK 다음 강의를 듣고 주제와 중요한 요점을 파악하세요. mp3파일 듣기

들으면서 핵심 내용을 적어보세요.

• botany 식물학 • zoology 동물학 • discipline 학과, 학문의 부분, 분야
• anthropology 인류학 • molecular 분자의, 분자로 된 • cellular 세포의

  Answer

Sample Answer

What biology examines and the process of study.

> **writing tutor** 이 강의는 어떠한 '주장'을 담고 있기보다는 '설명'하는 내용입니다. 특히 '설명'의 경우 강의의 처음부터 끝까지 내용을 어느 정도는 파악해야만 답을 쓸 수 있기 때문에 반드시 집중해야 합니다. 리스닝을 할 때 가장 중요한 또 다른 하나, 바로 '집중'입니다. 그래야만 어떤 단어가 핵심 단어인지, 주제가 무엇인지 파악할 수 있겠지요?

| 강의 지문 | The field of botany examines kinds of plants, what their relationship is, and so forth. The field of zoology studies animals, and the discipline of anthropology is concerned with human beings. However, when we talk about biology, we usually think about the different levels of organization. We begin at the lowest level, or molecular level, which includes biochemistry and molecular genetics. We then proceed to the cellular level (the cellular level refers to the cell as a component of an organism). A developmental biologist studies how that organism grows and changes over time.

Test

note-taking

```
But
biology
cell
proceed
```

| 해석 | 식물학 분야는 식물의 종류, 관계 등에 대해서 조사합니다. 동물학 분야는 동물, 우리 인간과 관계된 인류학 분야에 대해 연구합니다. 그러나 생물학에 대해서 이야기할 때는 보통 다른 수준의 생물체에 대해 생각하게 됩니다. 가장 낮은 단계, 즉 분자 단계에서 시작하는데 여기에는 생화학과 분자유전학이 포함됩니다. 그리고 나서 세포 단계로 나아갑니다. (세포 단계에서는 세포를 유기체의 구성 요소로 간주합니다.) 발달생물학자는 유기체가 시간이 흐르면서 어떻게 성장하고 어떻게 바뀌는지 연구합니다.

Passage

TASK **다음 강의를 듣고 주제와 중요한 요점을 파악하세요.** mp3파일 듣기

들으면서 핵심 내용을 적어보세요.

• self-reliant 자기를 의지하는, 독립적인 • proficient 익숙한, 능수능란한
• progressively 진보적으로, 점진적으로 • cast 낚싯줄 던지기 • mastery 숙달, 정통

Sample Answer

The importance of learning the fly fishing cast to become a good fisherman.

(writing tutor) 이 강의에는 한 가지 함정이 있습니다. 바로 첫 문장에 나오는 'there are five steps…'입니다. 이 부분만 듣고 다음 내용이 뭔가 다섯 가지 단계를 설명하는 거라고 넘겨짚어서 Five steps of fly fishing이라고 쓴다면 낭패입니다. 포인트를 재빨리 잡는 것도 중요하지만 우리가 빠지기만을 기다리고 있는 함정을 잘 피해갈 수 있어야겠죠?

| 강의 지문 | On the path to becoming a self-reliant fly fisher, there are five steps that we believe are absolutely necessary in order to become a proficient fisherman. With that said, we recommend that everyone start with the first step and move progressively through the program. The first three steps are centered on learning the fly fishing cast. This is the fundamental skill of fly fishing and is its defining attribute. Every aspect of the sport, from getting the fly to the fish, to controlling your fly's placement, is impossible without a strong and accurate cast. Thus, mastery of this skill is essential or all other progress will be hindered.

note-taking

```
steps
fly fishing cast
fundamental skill
```

| 해석 | 독립적인 플라이낚시꾼이 되는 과정에는, 유능한 낚시꾼이 되기 위해 절대적으로 필요하다고 여겨지는 다섯 단계가 있습니다. 이 말과 함께 모두에게 1단계로 시작해서 프로그램을 따라 단계별로 나아가라고 권해드립니다. 처음 세 단계는 플라이낚시를 던지는 법을 배우는 데 초점을 맞추고 있습니다. 이것은 플라이낚시의 기본적인 기술이며 분명한 특징이지요. 물고기에 플라이를 닿게 하는 것에서부터 플라이의 자리 조절까지 힘차고 정확하게 던지지 않고서는 이 스포츠의 모든 것이 불가능하기 때문이죠. 그러므로 이 기술을 마스터하는 것은 필수이며, 그렇지 않으면 다른 모든 단계에서 지체하게 될 것입니다.

Test

DAY
-15

Passage 9

TASK 다음 강의를 듣고 주제와 중요한 요점을 파악하세요. mp3파일 듣기

들으면서 핵심 내용을 적어보세요.

• discipline 훈련, 규율, 질서 • priceless 값을 매길 수 없는

• cardiovascular 심장 혈관의 • impact 충격, 충돌, 영향 • strain 팽팽함, 긴장, 피로

Sample Answer

Some positive and negative effects of jogging and direction to prevent injuries.

(**writing tutor**) 비교적 쉬운 강의였습니다. 일반적으로 주제를 표현한다면 Some advantages and disadvantages of jogging이라고 할 수도 있겠지요. 하지만 이미 본문에 나와 있는 단어를 사용하는 것이 아니라, 주제의 맥락에서 벗어나지 않는 다른 단어로 paraphrase해서 표현해주는 것이 중요합니다. 그것이 진정한 영어 실력이기도 하고요.

| 강의 지문 | Like walking, jogging can be done anytime, anywhere, and involves only one person. Jogging has all the health benefits of walking; it conditions the heart, improves muscle tone and strength, relieves stress, and can help with a variety of health problems. Jogging requires discipline, but the rewards are priceless. The biggest advantages of jogging over walking are that it takes less time, is the most efficient way to achieve cardiovascular fitness, and it burns more calories mainly due to its high impact. The disadvantage is that it can result in more injuries, as the strain placed on both muscles and joints is greater. But with proper shoes and preparation through stretching, you can greatly reduce your risk of injury.

Test

note-taking

```
advantages
disadvantages
injuries
preparation
```

| 해석 | 걷는 것처럼 조깅은 언제 어디서나, 혼자서 할 수 있습니다. 조깅은 걷기의 모든 건강상 이점을 다 가지고 있습니다. 심장의 컨디션을 조절하고 근육 상태와 체력을 향상시키며 스트레스를 줄이고 건강상의 다양한 문제에 도움이 됩니다. 조깅은 훈련을 요하지만, 그 대가는 돈으로 살 수 없습니다. 조깅의 큰 장점은 걷기보다 시간이 덜 걸리고 심장 혈관의 건강에 효과적이고, 강한 충격으로 더 많은 칼로리를 태운다는 것입니다. 단점은 근육과 관절에 무리를 줌으로써 부상을 일으킬 수 있다는 점이죠. 그러나 적당한 신발과 스트레칭을 통한 준비운동이 수반된다면 상해의 위험을 크게 줄일 수 있습니다.

Passage 10

TASK 다음 강의를 듣고 주제와 중요한 요점을 파악하세요. mp3파일 듣기

들으면서 핵심 내용을 적어보세요.

• alongside ~와 나란히, ~쪽에 • wage 임금

• enforce 시행하다, 집행하다 • nimble 민첩한, 재빠른

• utopian 이상향의, 유토피아의

Test 🕐

Sample Answer

The grim reality of child labor in the late 19th century.

writing tutor 이 강의의 특징은 무엇일까요? 상황을 '묘사 (describing)'하고 있다는 것입니다. 이러한 상황 묘사를 위해서는 '상태'를 나타내는 '형용사'를 적절하게 사용해 주제를 표현하는 것이 포인트입니다. 즉, '혹독한, 잔인한'이라는 뜻을 지닌 'grim' 'cruel' 등의 어휘를 사용한다면, 주제에 대해 보다 구체적인 진술이 가능할 것입니다.

| 강의 지문 | At the turn of the century, the average workweek was twelve hours a day, six days a week. Coal miners suffered greatly and died in large numbers from both accidents and the environment in which they worked. In an effort to maintain a constant food supply, poor immigrant children often worked alongside their parents for low wages. By 1900 half the states in the United States had introduced child labor laws. For example, children could not work more than ten hours a day. But only about ten states made a serious effort to enforce such laws. For factory owners, children were a cheap supply of labor, and employers preferred children for many jobs because their fingers were quick and nimble. Some claimed that children

should be in school rather than working, but they were criticized for being unrealistic and utopian.

```
poor children
worked
child labor laws
cheap supply of labor
```

| 해석 | 세기가 바뀔 때, 평균 노동시간은 하루에 12시간, 일주일에 6일이었습니다. 석탄 광부는 사고와 일하는 환경 때문에 많은 수가 크게 고통받거나 죽었죠. 가난한 이민자의 아이들은 먹고살기 위해 종종 부모와 함께 저임금으로 일했습니다. 1900년에 미국에 있는 주의 절반이 어린이 노동법을 도입했습니다. 예를 들어 어린이는 하루에 10시간 이상 일할 수 없었죠. 하지만 약 10개 주만이 그 법을 시행하기 위한 진지한 노력을 했습니다. 공장주에게 어린이는 값싼 노동력 공급원이었고 고용주는 어린이의 손가락이 빠르고 민첩했기 때문에 많은 일에서 선호했습니다. 어떤 이들은 어린이는 일하기보다는 학교에 있어야 한다고 주장했지만 비현실적이고 유토피아적이라고 비판받았습니다.

Test 🕐

▶ III. Paraphrasing 글쓰기 연습

1. 주어진 지문을 읽습니다.
2. 제시된 표현을 가지고 바꿔 써봅니다.
3. 다음 페이지로 넘겨 원어민이 쓴 모범답안을 봅니다.
4. 원어민의 답안에서 맘에 드는 표현이 있으면 배워봅니다.
5. 마지막으로 writing tutor를 읽어보고 머릿속에 새깁니다.

Passage
토플에서 흔히 볼 수 있는 지문이 제공됩니다.

TASK
위의 지문을 읽고 자기만의 글로 다시 적어봅니다.

Sample Answer
원어민의 모범답안입니다. 자신의 것과 비교해봅니다.

writing tutor
글쓰기 요령과 꼭 필요한 문법 및 어휘에 대한 설명이 들어 있습니다.
머릿속에 잘 새겨두세요.

Passage

다음 지문을 잘 읽어보세요.

Most critics of advertising focus on the direct and obvious harms to the individual: being annoyed by too many ads; being offended by vulgarity, sexism, or racism; being deceived or misled, being taken advantage of, or losing money.

TASK 다음 단어를 사용해 paraphrasing 해보세요.

- focus on ~~~~ concentrate on ~에 집중하다
- direct ~~~~ blatant 뻔뻔한, 노골적인
- obvious ~~~~ apparent 명백한, 또렷이 보이는, 외견상의
- harm ~~~~ damage 손해, 피해
- annoy ~~~~ disturb (마음을) 어지럽히다; 방해하다
- offend ~~~~ insult 모욕감을 주다, 굴욕감을 주다
- mislead ~~~~ lead a person astray 그릇된 길로 이끌다

Paraphrasing Sample

Almost all critics of advertising concentrate on the blatant and apparent damage found in this field. These damages include disturbances caused by countless ads and insults as a direct result of vulgarity, sexism, and racism. Also damaging is the fact that consumers are led astray by these advertisements.

writing tutor 단어만이 아니라 문장을 바꿔서 표현하려고 하니 막막하신가요? 시간이 걸리더라도 시도해보세요. 제시된 단어를 활용하는 것, 잊지 마시고요!

| 지문 해석 | 문제 지문의 해석입니다. Paraphrasing Sample과는 차이가 있을 수 있습니다.

광고를 비판하는 사람 대부분은 광고가 개인에게 주는 직접적이고 명백한 피해에 초점을 둔다. 광고가 너무 많아 거슬린다거나, 저속하고 성차별적이고 인종차별적인 요소 때문에 불쾌감을 느끼게 한다든지, 사람을 속이거나, 오도하거나, 이용하거나 돈을 잃게 만드는 점 등을 지적한다.

Test

Passage 2

다음 지문을 잘 읽어보세요.

Other critics deal with the indirect and less obvious harms to the individual: personal problems and psychological harm to the individual and the family. Although there are advantages to advertising, many still believe that advertising can cause many sociological problems.

TASK 다음 단어를 사용해 paraphrasing 해보세요.

- deal with   ~~> be concerned about ~을 염려하다, 걱정하다
- problem   ~~> difficulty 곤란, 어려움
- harm   ~~> pain 고통
- advantage   ~~> positive aspect 긍정적인 면
- believe   ~~> have a firm conviction 확신을 갖고 있다
- cause   ~~> bring about 야기하다, 초래하다

Paraphrasing Sample

Others are concerned about the less blatant damages advertising causes to people. These may include personal difficulties and the psychological pain advertising causes to individuals. While some believe that there are positive aspects to advertising, many still have a firm conviction that it brings about many sociological problems.

writing tutor Passage 1에 이어지는 내용이라는 것, 눈치채 셨나요? 앞 내용과의 상관관계를 살피면서 계속 시도해보세요. Keep it up, everybody!

| 지문 해석 | 문제 지문의 해석입니다. Paraphrasing Sample과는 차이가 있을 수 있습니다.

또 다른 광고 비판자들은 광고가 개인에게 미치는 간접적이고 비교적 덜 명백한 해악을 논한다. 개인과 가족에게 일으키는 사적인 문제와 심리적인 피해가 그것이다. 광고에는 좋은 점도 있지만, 그럼에도 많은 사람들은 광고가 많은 사회적 문제를 일으킬 수 있다고 믿는다.

Test

DAY -17

Passage 3

다음 지문을 잘 읽어보세요.

There are several advantages associated with online advertising. The first advantage is that online advertising has the capability to reach a global audience at a fast rate. This enables extensive exposure and is an important characteristic of online advertising. It is also a major component of why online advertising is so successful.

TASK 다음 단어를 사용해 paraphrasing 해보세요.

- associated with ～～～ related to ～와 관계가 있는, 관련된
- capability ～～～ capacity 수용량, 역량, 용량
- global ～～～ worldwide 세계적인, 세계적으로 미치는
- extensive ～～～ broad 폭넓은, 광범위한
- component ～～～ element 요소, 성분

Paraphrasing Sample

There are numerous positive points related to online advertising.
Firstly, it has the capacity to reach a worldwide audience at a fast
rate. This leads to broad exposure – a vital element in online
advertising. This is also one of the main reasons why online
advertising is so successful.

(writing tutor) 이 글에서 가장 중요한 단어는 무엇일까요? 바
로 'online advertising'입니다. 주제를 찾든, 문장을 paraphrase 하
든, 가장 먼저 해야 할 일은 바로 핵심 단어를 찾아내는 일입니다.
핵심만 파악해도 시작이 반! 고지가 눈앞인 거죠.

| 지문 해석 | 문제 지문의 해석입니다. Paraphrasing Sample과는 차이가 있을 수 있습니다.

온라인 광고와 관련한 이점이 몇 가지 있다. 첫째, 온라인 광고는 빠른 속도로 전 세계 시청자에게
닿을 수 있다. 이로 인해 광범위한 노출이 가능해진다. 이는 온라인 광고의 중요한 특징 중 하나이
자, 온라인 광고가 성공한 주요 요소 중 하나다.

Test

Passage 4

다음 지문을 잘 읽어보세요.
The Internet's unique opportunity for two way communication with consumers plays an important part in getting access into the minds of consumers. Placing ads in this environment will grant advertisers a unique opportunity for interactivity with their clients.

TASK 다음 단어를 사용해 paraphrasing 해보세요.

- □ unique   ∿∿ exceptional 예외적인, 드문, 뛰어난
- □ place   ∿∿ post 게시하다
- □ grant   ∿∿ allow 허락하다
- □ opportunity ∿∿ chance 기회, 가능성

Paraphrasing Sample

The Internet provides an exceptional two way communication channel between consumers and producers. This in turn helps producers understand the mind-set of their consumers. Hence, posting ads on the Internet allows consumers to have a chance to interact with their potential customers.

(writing tutor) 이 글의 긴 첫 문장에서 서술어, 즉 동사는 무엇인가요? 바로 'place'입니다. 문장이 길다고 해서 당황하지 마세요. 어디까지가 주어인지, 그리고 서술어가 무엇인지만 찾아낸다면, 문장의 핵심을 파악하는 것은 No problem!

| 지문 해석 | 문제 지문의 해석입니다. Paraphrasing Sample과는 차이가 있을 수 있습니다.

이용자와의 독특한 쌍방향 의사소통의 기회는 소비자의 생각에 접근하는 데 중요한 역할을 한다. 이러한 환경에서의 광고 게시는 광고주에게 잠재 고객과 상호작용할 수 있는 기회가 될 것이다.

Test ⏱

DAY -18

Passage 5

다음 지문을 잘 읽어보세요.

Computer crime is tempting for two reasons. Firstly, some computer geniuses have trouble resisting the challenge they just want to see if they can do it. Secondly, computer crime has considerable rewards.

TASK 다음 단어를 사용해 paraphrasing 해보세요.

- tempt ~~ entice 마음을 끌다, 유혹하다
- firstly ~~ number one 우선, 첫째로
- can do ~~ accomplish 이루다, 성취하다
- reward ~~ profit 이익, 이득

  Answer

Paraphrasing Sample

There are two main reasons why computer crimes entice people. Firstly, it provides computer geniuses a challenge and a sense of accomplishment. Secondly, it provides a considerable amount of profit for the offender.

writing tutor 언뜻 읽었을 때에도 명료하고 체계적으로 보이게 만드는 것은 본인의 글을 돋보이게 하는 매우 중요한 기술입니다. number one, 혹은 firstly, first of all, above all, in the first place와 같은 연결어를 이용해서 자신의 글을 잘 이어나가 보세요.

| 지문 해석 | 문제 지문의 해석입니다. Paraphrasing Sample과는 차이가 있을 수 있습니다.

컴퓨터 범죄는 두 가지 이유에서 매력적이다. 우선 일부 컴퓨터 천재들은 도전에 대한 욕구를 참기가 힘들다. 즉, 자신이 그 일을 해낼 수 있는지 알고 싶어 한다. 둘째로, 컴퓨터 범죄는 상당한 보상을 받을 수 있다.

Test

Passage 6

다음 지문을 잘 읽어보세요.

Computer networks have generated opportunities for crime that had never existed before; consequently, authorities are becoming worried about the increasing number of people who have access to private or secret information.

TASK 다음 단어를 사용해 paraphrasing 해보세요.

- generate ⟿ create 창조하다, 창작하다, 야기하다
- consequently ⟿ as a result 결과적으로
- worried ⟿ concerned 관계가 있는, 걱정하는
- increasing ⟿ rising 떠오르는, 증가하는

Paraphrasing Sample

Computer networks have created opportunities for new types of crime to take place. As a result, authorities are concerned about the rising number of people who can find their way to private or secret information.

(writing tutor) 어떻게 한 문장이 이렇게 길 수 있냐고요? 걱정 마세요. 긴 문장이 항상 좋은 문장은 아닙니다. 오히려 지나치게 멋을 부린 문장은 감점 요인이 될 수 있다는 사실! 자신이 할 수 있는 만큼, 문장의 흐름을 자연스럽게 할 정도의 길이로, 이해할 수 있는 문장을 쓰면 됩니다.

| 지문 해석 | 문제 지문의 해석입니다. Paraphrasing Sample과는 차이가 있을 수 있습니다.

컴퓨터 네트워크는 전에는 없었던 범죄 기회를 낳았다. 결과적으로 관련 당국은 개인 혹은 비밀 정보에 접근하는 사람의 수의 증가에 대해 점점 우려하고 있다.

Test

Passage 7

다음 지문을 잘 읽어보세요.
The justice system is toughening up to combat computer crime. They are punishing computer criminals more severely, and are hoping to send a strong impression to the public that it is wrong to commit computer crimes.

TASK 다음 단어를 사용해 paraphrasing 해보세요.

- toughen ~~~ strengthen 강하게 하다, 튼튼하게 하다
- combat ~~~ fight 싸우다, 전투하다
- severely ~~~ harshly 거칠게, 난폭하게, 가혹하게
- strong ~~~ forceful 강력한
- impression ~~~ message 메시지

Paraphrasing Sample

Authorities are preparing to fight computer crime by strengthening

up the justice system. One such way is to punish cyber criminals

harshly and to send a forceful message to the public that computer

crime is bad.

writing tutor 이 글의 세 문장은 모두 시제상 '현재진행형'으로 구성되어 있습니다. paraphrase를 하더라도, 시제와 같은 부분은 놓치지 말고 그대로 따르면서도, 적절한 다른 표현으로 바꿔주는 것이 중요합니다.

| 지문 해석 | 문제 지문의 해석입니다. Paraphrasing Sample과는 차이가 있을 수 있습니다.

사법부는 컴퓨터 범죄와의 전쟁을 강화하고 있다. 컴퓨터 범죄자를 보다 엄격히 처벌하여 컴퓨터 범죄가 나쁘다는 강력한 메시지를 대중에게 전하고자 한다.

Test

Passage 8

> **다음 지문을 잘 읽어보세요.**
> Scrambling devices are being developed to scramble messages so that hackers cannot understand them. Data can be unscrambled and used only if the scrambling key is known by the user. It is an effective way of protecting information.

TASK 다음 단어를 사용해 paraphrasing 해보세요.

- □ device ~~~ instrument 기계, 기구, 도구
- □ scramble ~~~ mix up 뒤범벅으로 만들다, 뒤섞다
- □ understand ~~~ comprehend 파악하다
- □ effective ~~~ efficient 능률적인, 효과적인
- □ information ~~~ data 자료

   Answer

Paraphrasing Sample

Scrambling instruments have been developed to mix up messages to confuse hackers and to prevent them from comprehending messages. Only the scrambling key known by the user can unscramble this form of data. This is an example of an effective way to protect data.

writing tutor 'scramble'이라고 하면 뭐가 가장 먼저 떠오르나요? 혹시 scrambled egg는 아닌지요? 하지만 이 글에서 'scramble'은 '(도청 방지를 위해 전화, 무선, 통신의 주파수 파장을) 바꾸다'라는 뜻으로 사용되었습니다. 두 번째 'scramble'은 '뒤범벅으로 만들다'라는 의미로 쓰였지요. 진정한 영어 실력을 향한 지름길은 결국 꾸준한 관심입니다!

| 지문 해석 | 문제 지문의 해석입니다. Paraphrasing Sample과는 차이가 있을 수 있습니다.

스크램블 장치는 해커들이 알 수 없도록 메시지를 뒤섞기 위해 개발되고 있다. 사용자가 스크램블 키를 아는 경우에만 데이터가 해독될 수 있고 이용 가능하다. 이는 정보를 보호하는 데 효과적인 방법이다.

Test

Passage 9

다음 지문을 잘 읽어보세요.

Kinesics is the scientific study of body movements used in communication. These can include gestures and facial expressions. Another movement is the rate of speech. Nonverbal communication includes a wide range of actions.

 TASK 다음 단어를 사용해 paraphrasing 해보세요.

▫ study 〰〰〰➤ academic field 학문 분야

▫ movement 〰〰〰➤ motion 운동, 동작, 활동

▫ include 〰〰〰➤ involve 포함하다, 수반하다

▫ range 〰〰〰➤ variety 변화가 많은, 다양성

Paraphrasing Sample

Kinesics is an academic field where communicative body motions are studied. These include gestures, facial expressions, and even the rate of speech. Nonverbal communication involves a wide variety of actions.

writing tutor 'Kinesics'는 '동작학'으로 '몸짓' 등의 신체언어 연구를 가리킵니다. 어려운 단어처럼 보이지만 지문 안에 다 설명되어 있지요? 결국 우리가 놓치지 말아야 할 것은 'Kinesics'라는 전문 용어가 아니라, 그에 대한 설명입니다. 한편, 'rate'는 여기서 '속도'라는 의미로, 'rate of speech'는 '말의 속도'를 뜻합니다. 새록새록 알게 되는 흔히 쓰이는 단어의 새로운 의미! 흥미롭지 않나요? 머리 아프다고요? 에이~~ 재미있잖아요. It's fun!

| 지문 해석 | 문제 지문의 해석입니다. Paraphrasing Sample과는 차이가 있을 수 있습니다.

동작학은 의사소통에서 쓰이는 신체 움직임에 대한 과학적인 연구다. 제스처와 얼굴 표정이 이에 속하며 말의 속도도 또 다른 동작이다. 비언어적인 의사소통에는 다양한 행동이 포함된다.

Test ⏱

Passage 10

다음 지문을 잘 읽어보세요.

Many people believe that nonverbal communication is universal, i.e., that it is not dependent on our place of birth or the verbal language we speak. Instead, people around the world share identical forms of nonverbal expressions.

TASK 다음 단어를 사용해 paraphrasing 해보세요.

- believe ～～→ assume 사실이라고 생각하다
- universal ～～→ omnipresent 어디에나 있는
- dependent ～～→ reliant 신뢰하는, 의지하는
- instead ～～→ rather (～이기보다는) 오히려, 차라리
- identical ～～→ similar 비슷한, 유사한

Paraphrasing Sample

Many people assume that nonverbal communication is an omni-

present concept shared by all cultures, i.e., that it is not reliant on

geographic or linguistic factors, but rather that it is similar among

people.

(**writing tutor**) 이 책을 보고 있는 독자 여러분은 이미 영영사전에 꽤 익숙할 것으로 생각됩니다만, 특히 paraphrase에 있어서는 영영사전만큼 좋은 참고서가 없습니다. 영어 단어를 영어로 설명하고 있으니까요. 영어로만 나와 있다고 겁내지 말고 영영사전과 친구가 되어보세요.

| 지문 해석 | 문제 지문의 해석입니다. Paraphrasing Sample과는 차이가 있을 수 있습니다.

많은 사람이 비언어적 의사소통을 보편적이라고 생각한다. 즉, 우리의 출생지나 쓰는 언어와는 상관 없다는 것이다. 오히려 세계 곳곳의 사람들은 동일한 비언어적 표현 양상을 공유한다.

Test ⏱

"시험 등록의 기술"

---

1. 등록 비용

190달러(추후 변동 가능성 있음)

2. 등록 방법

1) **인터넷 등록**: 인터넷(www.ets.org/toefl)에서 등록 서식을 작성하여 신청한다. 최소한 7일 이전에 등록할 것을 권장한다. 시험 당일 4일 전까지도 40달러의 추가 비용을 받고 신청 가능하기는 하지만 그 이후로는 불가능하다.

2) **전화 등록**

ETS의 자회사인 Prometric Korea(콜센터: 00798142030248)에 직접 전화 접수 가능하다. 전화 접수 역시 7일 이전까지는 기본 비용이고, 추가 접수는 시험 하루 전지역시험센터 시간으로 오후 5시까지 가능하며 40달러의 추가 비용을 부담하여야 한다.

※ 물론 우편 접수도 있지만 생략한다.

3. 시험의 취소 및 변경

1) **등록 취소** : 시험 당일 4일 전까지 가능하며 수험료의 절반만 환불받을 수 있다.

2) **날짜 변경** : 변경 비용은 60달러이며 역시 시험 당일 4일 전까지 신청해야 가능하다.

Part 3

독립형 문제에 도전하자

자신의 의견을 조리 있게 쓰는

본격적인 라이팅!

자신의 주장을 명료하게 써보기

독립형 문제란?

이 부분에서 채점자는 글의 전체적인 quality를 평가합니다. 바로 글의 단락 구성, 주제와의 긴밀성, 적절한 어휘와 문법의 사용이 평가 기준이 되는 것이죠.

이 부분은 예전 TOEFL CBT Test essay writing section과 거의 비슷합니다. 30분의 제한 시간 내에 주어진 주제에 대한 자신의 생각을 300단어 정도로 쓰는 것입니다. 이 section에서는 자신의 생각을 어떻게 구성하여 문법에 맞는 영어로 얼마나 논리적으로 전달하는가를 평가합니다. 에세이를 쓰기 위해 각 주제에 대한 전문적인 지식이 필요하지는 않습니다. 에세이는 두 명의 심사위원이 채점하게 되며 0점에서 5점 사이로 평가합니다. 여기에 등장하는 주제는 크게 네 종류로 나눌 수 있습니다.

1. 찬반(Agree/Disagree) ex. 애완동물도 가족이라고 생각하는가?
2. 선호(Preference) ex. 소비자 불만을 전달할 경우 편지로 하는 게 좋은가, 아니면 직접 하는 게 좋은가?
3. 설명(Detail) ex. 20세기의 큰 변화
4. 비교/대조(Compare/Contrast) ex. 기숙사와 아파트에서의 대학 생활을 비교하라.

□ 학습 요령 _

주어진 에세이 토픽에 대해 unit별로 서론, 본론, 결론을 써봅니다. 서너 개의 unit을 합치면 하나의 토플 에세이가 완성됩니다.

Question

함께 써볼 에세이의 토픽이 주어집니다.

 Let's think about it _

주어진 에세이 토픽에 대한 자신의 주장을 펼쳐나가기 위해 여러 방향
으로 생각을 정리해봅니다.

TASK

여기서 주어진 방향대로 서론 → 본론 → 결론 순으로 에세이를 써봅니다.

아래 표현을 사용하여 글을 써보세요.

여기에는 해당 에세이에 쓸 수 있는 표현이 제시되어 있습니다.

Create your own

위에 나온 표현을 사용해 에세이를 씁니다. 쓰면서 페이지 하단에 있
는 조언의 글을 보며 도움을 받습니다.

 Sample

다음 페이지에서 원어민의 글을 보고 자신의 것과 비교해봅니다. 그러
고 나서 원어민의 샘플에서 맘에 드는 표현이 있으면 배워봅니다.

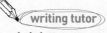 writing tutor

마지막으로 writing tutor를 읽어보고 머릿속에 새깁니다.

Question 1

Do you agree or disagree with the following statement? Parents are the best teachers. Use specific reasons and examples to support your opinion.

Let's think about it _

 Agree

- 부모는 자녀와 오랜 시간을 함께하기 때문에 자식에게 영향을 줄 수 있는 가장 적합한 사람이다.
- 부모는 자식에 대한 사랑으로 말미암아 좋은 선생이 될 수 있다.

Disagree

- 자녀에 대한 지나친 사랑으로 자식의 단점을 객관적으로 지적할 수 없는 경향이 있다.
- 현대의 부모는 직장 생활로 인해 자녀에게 많은 관심과 사랑을 줄 여유가 없다.

 TASK **위의 주제에 동의하는 글을 쓰시오.**

자, 이제부터 서론, 본론, 결론 문단을 작성합니다.
자신감을 가지고 시작해봅시다.

Test

Instruction 쓰기

아래 표현을 사용하여 글을 써보세요.

- educate 교육하다
- in this regard 이런 점에서
- spend time 시간을 보내다
- love 사랑
- academics 학문
- suitable 적당한
- motivate 동기를 부여하다

A teacher is a person who helps to educate a student both in
life and academics.

✓ Introduction에서는 주어진 명제에 대해 찬성 혹은 반대 여부를 명확히 나타내야
합니다. 긴장된다고요? 오히려 나만의 글을 쓸 수 있다는 생각에 흥분되지 않나요?
모두들 GO~! GO~!

Sample

A teacher is a person who helps to educate a student both in life and academics. **In this regard, a parent is the most suitable person to teach a child. This is because parents have the opportunity to spend long periods of time with their children. Parents are also motivated to teach their children because of the love they have for them.**

| 해석 | 교사는 인생과 학문에 있어 학생의 교육을 돕는 사람이다. 이런 면에서 부모는 아이를 가르치기에 가장 적합한 사람이다. 부모는 아이와 많은 시간을 함께 보낼 기회가 있기 때문이다. 부모는 또한 아이에 대한 사랑으로 그들을 가르칠 동기부여가 되어 있다.

writing tutor 위 샘플에서는 주어진 명제에 동의하게 된 이유를 간략하게 소개했습니다. 이것은 본론에 들어갈 내용을 요약한 것이죠. 결국 서론에서는 본인의 찬반 의견을 명확히 나타낸 후 그 이유를 간단하게 설명하는 글을 써야 합니다.

Test

Body 쓰기

아래 표현을 사용하여 글을 써보세요.
- living under the same roof 한 지붕 아래에서 사는 것
- guarantee 보장하다
- opportunity 기회
- influence 영향을 미치다
- teach 가르치다

It is common sense that parents spend the most time with their
children.

✓ 위에 주어진 표현을 꼭 쓰지 않아도 되지만 한 가지 기억해야 할 것은
Introduction에서 자신이 주장한 바를 절대 벗어나면 안 된다는 거죠.
이 주제에 동의하는 이유를 마음 가는 대로 떠올려보세요. 창조적인 글쓰기의 시작입니다!

Sample

It is common sense that parents spend the most time with their children.. The younger the child, the longer the period of time a parent spends with him or her. Living under the same roof helps to guarantee that parents are always around their children. In this way, parents have more opportunity to influence and teach their children than anyone else.

| 해석 | 부모가 아이와 가장 많은 시간을 보낸다는 것이 일반적인 생각이다. 아이가 어릴수록 부모는 더 많은 시간을 아이와 보낸다. 한 지붕 아래 사는 것은 언제나 부모가 아이 주변에 있음을 보장한다. 이렇게 부모는 다른 누구보다도 자녀에게 영향을 미치고 가르칠 기회가 많다.

• common sense 상식

writing tutor 위 샘플이 절대적으로 맞는 답은 아닙니다. 라이팅이라는 것은 정해진 답이 없기 때문이죠. 자신의 의견을 논리적으로 그리고 설득력 있게 전달하는 것이 가장 중요합니다.

Test

Conclusion 쓰기

아래 표현을 사용하여 글을 써보세요.

- dedicate 헌신하다
- teaching 교육
- therefore 그러므로
- notion 생각

In conclusion, parents spend the most amount of time with their

children than anyone else.

✓ 이제 드디어 결론입니다. 끝을 잘 맺는 것, 무엇보다 중요하겠죠?
여기에서는 본론에서 설명했던 포인트를 다시 요약하면 됩니다.

  Answer

Sample

In conclusion, parents spend the most amount of time with their children than anyone else. **This gives them more opportunity to influence their children. Also, the love parents have for their children makes sure that they will be dedicated in their teaching. Therefore, I agree with the notion that parents are the best teachers.**

| 해석 | 결론적으로 부모는 누구보다도 자녀와 많은 시간을 함께 보낸다. 이로 인해 부모는 자녀에게 영향을 미칠 기회를 많이 가진다. 또한 아이에 대한 부모의 사랑은 그들이 교육에 헌신할 것을 보장한다. 따라서 나는 부모가 가장 훌륭한 교사라는 의견에 동의한다.

• make sure 확인하다, 확신하다

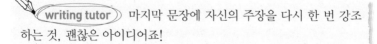

writing tutor 마지막 문장에 자신의 주장을 다시 한 번 강조하는 것, 괜찮은 아이디어죠!

Test

"타이핑의 중요성"

IBT의 큰 어려움 중 하나는 영어 타이핑임을 그 누구도 부인하지 않을 것입니다. CBT에서는 타이핑과 자필 중 선택이 가능하였기에 다수의 응시자가 자필로 쓰곤 했습니다. 하지만 IBT로 넘어오면서 자필은 선택 사항에서 빠지고 오직 타이핑만으로 시험을 볼 수 있게 되었죠.

즉, 영어 타이핑이 중요하다는 것입니다. 대부분의 경우 영어 타이핑이 약하게 마련이죠. 영어로 타이핑만 빠르고 정확하게 할 수 있어도 자기가 가진 실력을 100퍼센트 발휘할 수 있습니다. 그러므로 영어 공부와 함께 타이핑 실력도 향상시킬 필요가 있음을 알고, 우리 모두 시작해봅시다.

ABC부터 하하하!

Question 2

Some people prefer to eat at food stands or restaurants. Other people prefer to prepare and eat food at home. Which do you prefer? Use specific reasons and examples to support your opinion.

Let's think about it _

 Agree

• 음식을 직접 만드는 것이 더 저렴하다.
• 좋은 재료를 쓰기 때문에 더 많은 영양소를 섭취할 수 있다. 깨끗하다.

Disagree

• 집에서 해먹을 수 없는 음식을 먹을 수 있다.
• 익숙한 집이 아닌 식당이라는 색다른 장소에서 분위기 있게 식사할 수 있다.
• 요리를 안 해도 되기 때문에 편하다.

TASK Eating at home을 선호하는 글을 써봅시다.

자, 이제부터 서론, 본론, 결론 문단을 작성합니다.
자신감을 가지고 시작해봅시다.

Instruction 쓰기

아래 표현을 사용하여 글을 써보세요.
- enjoy cooking 요리하기를 즐긴다
- home-cooked meal 집에서 만든 식사
- safer and healthier 더 안전하고 몸에 좋은

As people become busier in their lifestyles and careers, they tend to eat out rather than eat at home.

✓ 글쓴이의 선호하는 바(preference)를 물어보는 질문은 오히려 쓰기가 편합니다. 자신이 어떤 것을 왜 더 좋아하는지 조리 있게 설명하기만 하면 되기 때문이죠.

Sample

As people become busier in their lifestyles and careers, they tend to eat out rather than eat at home. I prefer to eat at home because I enjoy cooking, and home-cooked meals are usually much safer and healthier.

| 해석 | 사람들은 생활양식과 직업으로 인해 점점 바빠지면서 집에서 식사하기보다는 외식을 하는 추세다. 나는 집에서 하는 식사를 더 선호한다. 왜냐하면 요리를 즐기기도 하고, 집에서 만든 음식이 보통 더 안전하고 건강에 좋기 때문이다.

• tend to ~하는 경향이 있다

writing tutor 어떤 영화를 보면 시작하기 전에 내레이션 혹은 자막으로 역사적 배경 혹은 사전 정보를 간략하게 설명해주는 경우가 있습니다. 서론 부분 또한 독자에게 그런 역할을 한다고 보면 됩니다.

Test

Body 1 쓰기

> 아래 표현을 사용하여 글을 써보세요.
> - exhausting 지치게 하는
> - fun 재미있는
> - work 일
> - self satisfaction 자기만족

I have always enjoyed cooking for other people. I also enjoy listening to their comments about my cooking.

✓ 본론을 시작하면서 또 한 가지 중요한 점은 서론에 언급된 내용과의 자연스러운 연결입니다. 여기서는 "I prefer to eat at home"에서 자신의 선호를 밝힌 뒤, "I have always enjoyed cooking"으로 연결해주었지요. 자연스러운 연결과 일관성 유지! 라이팅에서 잊지 말아야 할 부분입니다.

 ? Answer

Sample

I have always enjoyed cooking for other people. I also enjoy listening to their comments about my cooking. **This is because I find cooking therapeutic.** After coming home from an exhausting day at work, it is fun to be your own boss in the kitchen. I can do whatever I want to do and do not have to ask for permission or worry about if I am doing everything right. It is this self satisfaction I get from cooking which makes me prefer eating at home to eating out.

| 해석 | 나는 언제나 다른 사람을 위해 요리하는 것을 즐긴다. 또 내 요리에 대한 그들의 평을 듣는 것도 좋아한다. 이것이 요리가 건강에 도움이 된다고 하는 이유다. 녹초가 되어 직장에서 돌아와 주방에서 대장 노릇을 하는 것은 재미있다. 원하는 건 무엇이든 할 수 있고 허락을 받거나 내가 잘하고 있는지에 대해 걱정할 필요도 없다. 요리하면서 얻는 자기만족은 외식보다 집에서의 식사를 선호하게 한다.

• **therapeutic** 건강 유지에 도움이 되는, 치료상의

(**writing tutor**) 필자는 자신이 집에서 먹는 것을 선호하는 이유를 밝히고 있습니다. 즉, 자신의 '선호'에 대한 '근거'를 제시하고 있죠. 이러한 과정을 통해 우리는 읽는 쪽, 즉 채점자를 논리적으로 설득할 수 있답니다.

Test ⏰

Body 2 쓰기

아래 표현을 사용하여 글을 써보세요.

- cleaned and washed 손질되고 씻은
- cooked 조리된
- ingredient 재료
- fresh 신선한

Then there is the question of hygiene.

✎ 이제 집에서 먹는 음식을 좋아하는 또 하나의 근거인 '청결'의 문제를 다뤄봅시다.

Sample

Then there is the question of hygiene. How well cooked is the food at a restaurant? Have vegetables or other food items been washed properly before cooking? If food is eaten at home, you can be sure that it will be cleaned and washed properly because you or someone in your family cooked the meal. Also, by eating at home you can guarantee that the ingredients are fresh.

| 해석 | 게다가 위생에 대한 문제가 있다. 식당에서 얼마나 음식을 잘 요리할까? 채소나 다른 재료를 요리하기 전에 제대로 씻을까? 집에서 먹는다면 자신이나 가족이 요리하기 때문에 잘 손질하고 씻으리라 확신할 수 있다. 또 집에서 먹으면 재료의 신선도를 보장할 수 있다.

• hygiene 위생

writing tutor "Have vegetables … properly before cooking?"처럼 주의를 환기시키며 지루함을 덜기 위해 의문문을 사용해 보는 것도 좋습니다. 한편, 어떤 것에 '문제'가 있다고 말할 경우 지나치게 강한 표현은 신중하게 써야 합니다. 가령 never나 every 같은 단어는 되도록 피하는 게 좋습니다. No restaurant washes every dish properly 같은 강한 주장은 감점 요인이 될 수 있습니다. most나 usually 등을 사용해 글의 객관성을 유지하려는 노력을 기울일 필요가 있습니다.

Test

Conclusion 쓰기

> 아래 표현을 사용하여 글을 써보세요.
> - benefit 이익
> - stress 스트레스
> - relieve 경감하다
> - hygienic 청결한, 위생적인

In conclusion, although some people prefer to eat out because

they do not want to cook,

✓ 결론임을 명백히 하고자 'in conclusion'이라는 표현을 사용했네요. 여기서 잠깐!
이처럼 적절한 접속 표현의 사용은 글을 체계적, 논리적으로 보이게 하는 데에는
효과적이지만, 지나치게 많이 쓰면 오히려 글을 지저분하게 할 수 있다는 것도
기억해두세요.

Sample

In conclusion, although some people prefer to eat out because they do not want to cook, I feel that there are more benefits to eating at home. For me, cooking helps to relieve the stress I get from work, and I can be sure that the food I cook is both hygienic and healthy.

| 해석 | 결론적으로 어떤 사람은 요리하기 싫다는 이유로 외식을 선호하지만 나는 집에서 먹는 것이 더 좋은 점이 많다고 생각한다. 나의 경우 요리는 직장에서의 스트레스를 해소할 뿐만 아니라 내가 만든 음식을 위생과 건강 면에서 확신할 수 있다.

writing tutor 이 글에서는 "although some people prefer to eat out because they do not want to cook"을 먼저 내세움으로써, 자신의 의견을 보다 강조하는 효과를 주고 있습니다. 'although 주어+서술어'와 바꿔 쓸 수 있는 표현으로는 despite the fact that, even if, even though 등이 있습니다. 한편 'in conclusion'과 더불어 결론에서 사용할 수 있는 표현으로는 finally, at last, to sum up 이 있습니다.

Test

"시험 준비 방법의 대세"

독립형 문제의 시험 준비 방법 중 가장 많이 쓰이는 방법은 모범답안을 외워 써보는 것입니다. 모범답안을 쓰게 되면 자연히 영어로 글 쓰는 솜씨도 좋아지게 되죠. 단, 창의적인 글쓰기는 불가능합니다.

사실 이런 방법은 매우 비효율적이라고 생각합니다. 물론 빠른 시간 안에 높은 점수를 얻을 확률이 가장 높다는 데는 동의합니다. 하지만 시간이 걸리더라도 IBT 토플 시험만이 아니라 실제 글쓰기 실력도 향상시킬 수 있도록 답을 통째로 외우지 말고 실제로 글쓰기를 하면 어떨까 생각해봅니다.

시험을 위한 공부가 아닌 영어를 내 것으로 만들기 위한 공부. 이것이 필자의 바람입니다.

Question 3

Should governments spend more money on improving roads and highway, or should governments spend more money on improving public transportation(buses, trains, subways)? Why? Use specific reasons and examples to support your essay.

Let's think about it _

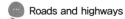 Roads and highways
- 사회 기반 시설로서 경제에도 긍정적인 영향을 줄 수 있다.
- 교통 체증을 해소한다.
- 전국적으로 연결이 잘되면 시간을 아낄 수 있다.

 Public Transportation
- 비용이 비교적 저렴하기 때문에 서민들에게 도움이 된다.
- 자가용 사용이 줄어들면서 환경오염을 줄일 수 있다.

📝 **TASK** Public transportation을 선호하는 글을 써봅시다.

자, 이제부터 서론, 본론, 결론 문단을 작성합니다.
자신감을 가지고 시작해봅시다.

Test ⏰

Instruction 쓰기

아래 표현을 사용하여 글을 써보세요.

- beneficial 도움이 되는
- improve 향상시키다
- increase 증가

All means of transportation should be kept in good condition.

However,

✓ 하나의 포인트를 가지고 본론을 두 단락으로 나누어 다룬 글입니다.

  Answer

3030 English 쓰기 4탄 **130**

Sample

All means of transportation should be kept in good condition.

However, I believe it would be most beneficial for a country or city if

its government spent more money on improving public transportation.

This would result in a substantial increase in the standard of living of

its citizens.

| 해석 | 모든 교통수단은 양호한 상태로 유지되어야 한다. 그러나 만약 정부가 대중교통 개선에 좀
더 많은 돈을 들인다면 지역 또는 도시에 큰 이익이 되리라 생각한다. 그러면 시민의 생활수준이 상
당히 향상될 것이다.

• substantial 상당한, 많은

writing tutor 생각이 잘 안 난다고요? 대중교통의 장점이 뭐
가 있을지, 우선 브레인스토밍을 통해서 이것저것 생각나는 대로 메
모해보세요. 그리고 글을 써 내려가기 전에 outline을 잡으면 보다
체계적인 글쓰기를 할 수 있습니다.

Test

Body 1 쓰기

> 아래 표현을 사용하여 글을 써보세요.
> • detrimental effect 해로운 영향   • effective plan 효과적인 계획
> • eventually 마침내   • reduction 감소
> • improve 향상시키다

The number of cars and trucks traveling on highways and roads is dramatically increasing every year. As a result, the number of traffic jams, accidents, and carbon monoxide emissions are increasing as well. These factors

✓ 'carbon monoxide'와 같은 전문용어는 글을 쓰면서 생각해내기 어려운 표현입니다. 이럴 땐 air pollution이라고 하면 됩니다. 다양한 어휘를 쓰는 것도 중요하지만, 없는 시간에 굳이 어려운 어휘를 짜낼 필요는 없습니다.

Sample

The number of cars and trucks traveling on highways and roads is dramatically increasing every year. As a result, the number of traffic jams, accidents, and carbon monoxide emissions are increasing as well. These factors **have a detrimental effect on our quality of life.** Expanding subway lines and railroads and developing an effective plan to coordinate buses and subways routes will eventually lead to a reduction in pollution levels, less traffic jams, and less stress for people. This will help to improve the quality of life for all citizens.

| 해석 | 고속도로와 도로 위를 다니는 차와 트럭의 수가 매년 엄청나게 늘고 있다. 결과적으로 교통 체증, 사고, 일산화탄소 배출도 늘고 있다. 이러한 요소는 우리 삶의 질에 해로운 영향을 미친다. 지하철 노선과 철도를 확장하고 버스와 지하철 노선을 조화시키는 효율적인 계획의 개발은 결국 환경 오염 수치, 교통 체증 그리고 사람들의 스트레스를 줄일 것이다. 이는 모든 시민의 삶의 질을 향상시키는 데 도움이 될 것이다.

(**writing tutor**) 글을 쓰다 보면 어쩔 수 없이 문장이 길어질 때가 있습니다. 이럴 때는, 적절한 곳에 쉼표를 써주는 것이 매우 중요합니다. 여기에서는 'Expanding...'으로 시작되는 문장을 예로 들 수 있습니다.

Test ⏱

Body 2 쓰기

아래 표현을 사용하여 글을 써보세요.

- maintenance costs 유지비
- surplus of money 잉여금(나머지 비용)
- repair 수리
- purpose 목적

Expanding and upgrading public transportation such as the

railroad system will result in

✓ 문장을 가능한 한 간결하고 명료하게 쓰는 것, 잊지 마세요!

Sample

Expanding and upgrading public transportation such as the railroad system will result in **fewer trucks and buses on the highways.** Removing traffic from the highways is another way to reduce traffic congestion. The reduction of traffic represents less maintenance costs for the government. This surplus of money could be use for other purposes. For example, a forest recovery program or a national campaign against pollution.

| 해석 | 철도 시스템과 같은 대중교통의 확장과 개선은 고속도로의 트럭과 버스의 수를 줄이는 결과를 낳을 것이다. 고속도로의 교통량을 없애는 것은 교통 정체를 줄이는 방법 중 하나다. 교통량 감소는 정부의 유지비 감소를 의미한다. 잉여금은 다른 용도로 쓰일 수 있을 것이다. 예를 들어 삼림 복구 프로그램이나 국가적 환경 캠페인 말이다.

(writing tutor) '~하는 것은'이라는 형태로 문장을 시작하기 위해 동명사형(-ing)을 쓰지만, 이런 문장은 지나치게 장황해질 수 있죠. 이 문단의 첫 문장 역시 "It will result in a better traffic condition to expand and upgrade public transportation"이라고 하는 게 훨씬 간결하고 깔끔합니다. 또한 예를 들어야 할 경우, like 또는 such as의 형태로 쓸 수도 있지만 세미콜론(;) 다음에 여러 예를 나열할 수도 있습니다. 문장을 간결하게 보이게 하면서도, 같은 효과를 낼 수 있는 좋은 방법이죠!

Test ⏱

Conclusion 쓰기

아래 표현을 사용하여 글을 써보세요.

- future 미래
- improve 개선하다
- standard of living 생활수준

Highways, roads, and public transportation all require

maintenance funds, but I think

✓ 결말은 자신의 의견을 정리하고 강조하는 역할을 하죠? 너무 길지 않게,
단순 명료하게 쓰는 것이 중요한 포인트랍니다. 장황한 글은 흡입력을 잃게 마련이지요.

  Answer

Sample

Highways, roads, and public transportation all require maintenance funds, but I think it is more important to think about the future and how to improve our standard of living. Improving public transportation will help reduce traffic jams, accidents, and air pollution. A safer, healthier, and more enjoyable place to live waits for us in the future.

| 해석 | 고속도로, 길, 대중교통은 모두 유지 자금이 필요하다. 그러나 나는 미래와 우리의 생활수준을 어떻게 개선시켜야 하는지 고민하는 것이 더 중요하다고 생각한다. 대중교통의 개선은 교통 체증과 사고, 대기오염 감소에 도움이 될 것이다. 미래에는 더욱 안전하고 건강한, 즐거운 삶의 터전이 우리를 기다린다.

writing tutor 흔히 저지르는 실수 중 하나! Highways and roads and public transportation와 같이 and를 연달아 쓰면 안 됩니다! 쉼표로 연결하다가 마지막에만 and를 쓰세요.

Test

"우리의 새 친구 Thesaurus"

통합형 문제에서 가장 큰 부담 중 하나는 무엇보다도 paraphrasing입니다.
본문에 나온 단어를 그대로 쓸 수 없고 바꿔서 써야 한다는 것, 즉 자신만의 글을 써야 한다는 거죠. 보통 IBT 토플책에 나오는 것처럼 그냥 몇 가지 비슷한 표현을 외우는 방법이 아직까지는 대세입니다. 그리고 우리나라의 교육 특성상 암기식이 앞으로도 대세일 듯합니다. 하지만 paraphrasing에 매우 도움이 될 수 있는 도구 하나를 소개합니다.

짜잔~ 바로 Thesaurus입니다.
Thesaurus는 사전과 매우 흡사하나 하나의 단어를 찾으면 그 단어와 비슷한 여러 가지 표현을 알려주는 독특한 사전입니다. 실제로 영국 학생들의 경우 같은 단어를 반복해서 사용하는 것을 피하기 위해 Thesaurus를 많이 사용하고 있습니다. 창의적인 글, 틀에 박히지 않은 개성 있는 글을 쓰고 싶다면 Thesaurus를 사용하길 추천합니다.

그럼 다음으로 넘어가볼까요. 휘리릭~

Question 4

It has been recently announced that a large shopping center may be built in your neighborhood. Do you support or oppose this plan? Why? Use specific reasons and examples to support your opinion.

Let's think about it _

 Support

- 근처에 쇼핑센터가 있으면 주민들이 편리하다.
- 쇼핑센터는 일자리를 창출한다.
- 주변 지역의 부동산 가치에 영향을 준다.

Oppose

- 타 지역에서 쇼핑하러 오는 사람들로 교통이 혼잡해진다.
- 대형 쇼핑센터가 들어서면 인근의 소규모 상점에 악영향을 미친다.

TASK 위의 주제를 지지하는 글을 써보세요.

자, 이제부터 서론, 본론, 결론 문단을 작성합니다.
자신감을 가지고 시작해봅시다.

Test ◯

Instruction 쓰기

아래 표현을 사용하여 글을 써보세요.
- This is because 이것은 ~때문이다
- revive 되살리다
- stagnant economy 침체된 경제
- provide jobs 일자리를 제공하다

I would be delighted to hear that a large shopping center is

moving into our town.

✓ 시작이 반이죠? Well begun is half done!
  서론이 짧다고 감점당하진 않으니까 간단하게 한번 써보세요.

Sample

I would be delighted to hear that a large shopping center is moving into our town. **This is because it will help to revive our stagnant economy. Firstly, the large shopping center will attract more visitors to our town. Secondly, it will provide more jobs for the local residents.**

| 해석 | 우리 마을에 대형 쇼핑센터가 들어온다는 이야기를 들으면 기쁠 것이다. 침체된 경제를 되살리는 데 도움이 되기 때문이다. 우선, 대형 쇼핑센터는 우리 마을에 많은 방문객을 끌어들일 것이다. 둘째, 지역 주민에게 보다 많은 일자리를 제공할 것이다.

• delighted 기쁜 • attract 끌다, 유인하다
• resident 거주자

writing tutor 이처럼 서론에서는 자신이 밝혀야 할 내용의 요점을 간결하게 제시하면 됩니다. 어렵지 않죠?

Test

Body 1 쓰기

아래 표현을 사용하여 글을 써보세요.

- consumer 소비자
- spending 소비
- local shopper 지역의 구매자
- out of town 지역 밖에서
- boost 부양하다
- economy 경제

First of all, after the economic turmoil in Korea, a trend has

developed where people do not spend their money easily.

✓ 본론의 내용은 보다 구체적이어야 하겠죠? 그리고 서론에서 제시한 자신의 의견을
적절하게 뒷받침할 수 있어야 한다는 것! 토플 라이팅의 기본입니다.

Sample

First of all, after the economic turmoil in Korea, a trend has developed where people do not spend their money easily. **Consumers are more willing to save their money in bank accounts. However, a large shopping center not only can increase the spending of local shoppers, but it also attracts shoppers from out of town. As a matter of fact, if more famous stores decide to open up shops in our town, they will definitely boost the economy.**

| 해석 | 무엇보다도, 한국의 경제 혼란 이후, 사람들은 쉽게 돈을 쓰지 않는 경향이 생겼다. 소비자는 좀 더 은행 계좌에 저축하려고 한다. 그러나 대형 쇼핑센터는 지역 쇼핑객의 소비를 늘릴 뿐만 아니라 타 지역 쇼핑객까지 불러들일 것이다. 사실, 더 많은 유명한 상점이 우리 마을에 개장하기로 한다면 분명 경제가 활성화될 것이다.

• turmoil 혼란, 소동 • be willing to 기꺼이 ~하다

(writing tutor) 위 샘플에서 우리나라 이야기가 나오는데 이런 구체적인 예를 드는 것은 토플 라이팅에서 높은 성적을 받는 가장 좋은 방법입니다. 또한 'not only A but also B' 같은 표현은 잘 알고 있지만 막상 쓰려면 생각이 잘 나지 않는 경우가 많습니다. 자꾸 써보면서 익숙해지도록 합니다.

Test

Body 2 쓰기

아래 표현을 사용하여 글을 써보세요.

- tackle (문제를) 다루다
- construction 건설
- industry 산업
- job-seeker 구직자
- sales 판매
- asset 유리한 조건, 장점

Unemployment is a big problem for all modern cities. By locating a large shopping center in our town,

토플 에세이는 전문적인 지식을 요구하지는 않지만, 어느 정도의 정보는 필요합니다. 쇼핑센터 건설이 초래하는 여러 가지 효과에 대한 기본적인 정보가 있어야 글을 수월하게 전개해나갈 수 있으니까요. 따라서 항상 주변의 일에 관심을 갖고 눈과 귀를 열어두는 것, 토플 라이팅은 물론 일상생활에도 도움이 된답니다.

Sample

Unemployment is a big problem for all modern cities. By locating a large shopping center in our town, **the unemployment problem can be tackled.** Many job-seekers will find that they can apply for jobs related to the shopping center. By locating the mall in our town, jobs in the construction, advertising, sales, and food service industries can be created. This will surely be an important economical asset to our town.

| 해석 | 실업은 모든 현대 도시의 커다란 문제다. 마을에 대형 쇼핑센터가 자리 잡음으로써 실업 문제를 다룰 수 있다. 많은 구직자가 쇼핑센터와 관련된 일자리에 지원할 수 있게 되기 때문이다. 마을에 쇼핑몰이 생기면 건설, 광고, 판매, 외식산업이 창출될 것이며, 이는 분명 마을에 중요한 경제적 자산이 될 것이다.

• unemployment 실업
• apply for ~에 지원하다

writing tutor 'by -ing'로 시작되는 문장을 두 개나 볼 수 있네요. '~함으로써'라는 뜻으로 여기서는 '~함으로써 …할 수 있다'라는 형태로 이어지고 있습니다. 라이팅할 때 유용하게 쓸 수 있는 표현입니다.

Test

Conclusion 쓰기

아래 표현을 사용하여 글을 써보세요.

- positive impact 긍정적인 영향
- unemployed 실업 상태인
- proposition 계획안, 제안
- revive 되살리다
- overall 대체로

In conclusion, I support the construction of a shopping center in

our town because

✓ '논리적 글쓰기'란 무엇일까요? 특별한 게 아니라 앞 문장과 다음 문장, 앞 문단과
다음 문단이 자연스럽게 연결되는 걸 말합니다. 여기서처럼 자신의 의견을 한 번 더
반복하면서 결론을 시작하는 것도 괜찮은 방법이 될 수 있습니다.

Sample

In conclusion, I support the construction of a shopping center in our town because of the positive impacts it will bring about. The shopping center can be used to revive our stagnant economy by increasing sales. It can also be used to create many jobs for those who are unemployed. Overall, I feel this proposition is a good idea.

| 해석 | 결론적으로 나는 쇼핑센터가 마을에 미칠 긍정적인 영향 때문에 건립을 지지한다. 쇼핑센터는 매출을 늘림으로써 침체된 경제를 되살릴 수 있을 것이다. 또한 실업자에게 많은 일자리를 만들어줄 수 있을 것이다. 전반적으로 나는 이 제안이 좋은 아이디어라고 생각한다.

writing tutor 여기에서는 쇼핑센터 건설을 '지지'하는 글을 쓰기 위해 'I support'로 문장을 시작했습니다. I think와 같은 흔한 표현보다는 좀 색다르고 신선한 느낌이죠?

Test

"강의 듣기의 기술"

통합형 문제에서 대부분의 수강생이 어려워하는 부분은 아무래도 강의를 듣고 자신 만의 노트를 만드는 부분이 아닐까 합니다.

첫째, 강의를 듣다 보면 강의를 하는 사람도 감정이 있기 때문에 유독 크게 말하는 단 어나 문장이 있습니다. 그런 단어 혹은 문장은 강의의 맥을 짚는 데 매우 중요하므로 꼭 적어놓습니다. 마치 사건의 실마리를 푸는 단서처럼요.

둘째, 노트를 만들 때 듣는 그대로 다 받아쓸 수는 없죠. 또 100퍼센트 다 알아듣는 것도 쉽지 않을 것입니다. 이때는 전체적인 흐름을 먼저 파악하여 하나의 강의를 자 신이 원하는 만큼의 분량으로 나누도록 합니다. 가장 쉬운 방법은 서론, 본론, 결론에 대해 따로따로 하나의 덩어리 개념으로 노트를 만들어놓게 되면 강의를 들은 후 글쓰 기를 할 때 각 부분이 훨씬 쉽게 기억날 것입니다. 즉, 하나의 강의를 두세 개의 작은 스토리 덩어리로 나눈다고나 할까요.

마지막으로, 현재까지의 시험 유형을 보면 독해 지문에서 두세 가지의 문제점 혹은 장점 등 핵심적인 포인트가 있는데 이에 따른 해결의 실마리는 강의 듣기에서 나오게 됩니다. 즉, 미리 찾아야 할 답을 독해 지문에서 예상할 수 있습니다. 무엇을 들어야 할지 아는 수험생과 무턱대고 듣는 수험생의 차이는 실로 엄청날 수밖에 없죠.

Question 5

Learning about the past has no value for those of us living in the present. Do you agree or disagree? Use specific reasons and examples to support your opinion.

Let's think about it _

••• Agree

• 과거에 일어난 일이 현재에 똑같이 재연된다는 보장이 없기 때문에 중요하다고 볼 수 없다.
• 과거에 성취했던 결과에 집착하여 오히려 현실에 악영향을 줄 수 있다.

••• Disagree

• 한 국가나 민족의 역사는 결국 정체성과 관련되기 때문에 꼭 알아야 하는 부분이다.
• 과거나 역사를 통해 현재 겪고 있는 문제를 해결할 수 있을 것이다.

 TASK 위의 주제를 지지하는 글을 써봅시다.

자, 이제부터 서론, 본론, 결론 문단을 작성합니다.
자신감을 가지고 시작해봅시다.

Test ⏱

Instruction 쓰기

아래 표현을 사용하여 글을 써보세요.

- sacrifice 희생하다
- history 역사
- past 과거
- useful 유용한

Every society has its own history. We are standing at this point

now because of our forefathers who

✓ 어떻게 이야기를 꺼내면 좋을까요?
이 글의 필자는 아마도 '과거 없이는 현재도 없다'는 이야기로 시작하려는 것 같죠?

Sample

Every society has its own history. We are standing at this point now because of our forefathers who **sacrificed themselves so that we would have a better future.** Everyone must know about the history of their own country, and that of other nations. It is very useful because of the following reasons.

| 해석 | 모든 사회는 그 사회만의 역사가 있다. 우리는 더 나은 미래를 가질 수 있도록 희생한 조상들 때문에 지금 이 시점에 서 있는 것이다. 모든 사람은 그들 나라의 역사와 다른 나라의 역사에 대해 알아야 한다. 이는 다음과 같은 이유로 인해 매우 유용하다.

• forefather 조상, 선조

writing tutor 질문을 정확하게 이해하는 것이 매우 중요합니다. 여기서는 "과거를 아는 것은 아무런 가치가 없다"라는 주장에 반대하는 글을 쓰는 것입니다. 또한 필자는 서론에서 "It is very useful because of the following reasons"라고 씀으로써 자연스럽게 본문으로 글의 흐름을 이어가고 있네요. 좋은 방법이죠?

Test

Body 1 쓰기

아래 표현을 사용하여 글을 써보세요.
- general knowledge 일반적인 지식
- historical root 역사적인 뿌리
- sense of identity 정체성   • firm background 확고한 배경

Firstly, by studying history, we can learn many things. We can

understand

✓ 이 문장 역시 'by studying'으로 시작하고 있죠? 하지만 이 부분을 문장 마지막으로
빼서 "we can learn ... by studying history"라고 쓰는 게 더 보기 좋습니다.

Sample

Firstly, by studying history, we can learn many things. We can understand how people in the past lived, such as their habits, foods, and beliefs. This will improve our general knowledge of our history. Also, it will provide information on our own historical roots. Understanding one's roots and culture is extremely important. This is because it helps to create a sense of identity. By establishing a firm background of our identity, we can work closer together with others to create a more harmonious future.

| 해석 | 첫째, 역사를 공부함으로써 우리는 많은 것을 배울 수 있다. 과거에 사람들이 어떻게 살았는지, 즉 관습, 음식, 믿음과 같은 것을 이해할 수 있다. 이는 역사에 대한 보편적인 지식을 향상시킬 것이다. 또 자신의 역사적 뿌리에 대한 정보를 제공할 것이다. 우리의 뿌리와 문화에 대한 이해는 매우 중요하다. 정체성을 확립하는 데 도움이 되기 때문이다. 우리 정체성의 확고한 배경을 세움으로써 다른 사람들과 더욱 밀접하게 일해 보다 조화로운 미래를 만들 수 있다.

writing tutor 우리가 저지르는 가장 흔한 실수 또 하나! 바로 '복수형'의 사용입니다. 예문처럼 'such as their habits, foods, and beliefs'처럼 복수형으로 쓰는 것, 놓치기 쉬운 부분이지요?

Test ⏱

Body 2 쓰기

아래 표현을 사용하여 글을 써보세요.
- lay down the foundation 기초를 놓다
- acknowledge 인정하다
- appreciate 고맙게 여기다   • next generation 다음 세대

Secondly, by studying the past of our country, we can

appreciate the sacrifices of our forefathers.

✓ 'lay down the foundation' 같은 표현을 사용해 본인의 영어 실력을 보여주는
센스! 지나치게 멋 부리지 않으면서 좋은 점수를 받을 수 있는 방법입니다.

Sample

Secondly, by studying the past of our country, we can appreciate the sacrifices of our forefathers. **No country has been created without some form of sacrifice. People in the past worked hard to lay down the foundation of our country for us. We must acknowledge their work and appreciate their sacrifice. To do this, we must study our history and make sure that it is passed down to the next generation.**

| 해석 | 둘째, 우리나라의 과거를 공부함으로써 조상들의 희생에 감사할 수 있다. 희생 없이 생겨날 수 있는 국가는 없다. 옛날 사람들은 우리를 위해 나라의 근간을 마련하고자 열심히 일했다. 우리는 그 업적을 인정해야 하고, 희생에 감사해야 한다. 그러기 위해서는 반드시 역사를 공부하고 후손에게 전달해야 한다.

writing tutor 글을 쓸 때 유의해야 할 또 한 가지! 관점을 일치시켜야 한다는 점입니다. 즉, 주어를 일치시켜야 합니다. 우리의 관점으로 쓰다가 나의 관점으로 바꾼다거나 하면 안 됩니다. 당연히 채점자를 혼동시켜 감점 요인으로 작용하겠지요?

Test

Conclusion 쓰기

아래 표현을 사용하여 글을 써보세요.

- educational 교육적인
- progress 발전
- heritage 유산
- ancestor 조상

All in all, studying the past is a necessity for everyone. That is why history is an important subject in school.

✓ 결론에서는 '정리'하고 있다는 인상을 심어주는 게 관건이겠지요?

Sample

All in all, studying the past is a necessity for everyone. That is why history is an important subject in school. **Learning about the past is very educational, and it gives us knowledge of the people of the past, their life, their struggles, mistakes, and progress. It also helps us to appreciate our own heritage and ancestors.**

| 해석 | 대체로 과거를 공부하는 것은 모두에게 필수적이다. 그것이 역사가 학교에서 가장 중요한 과목인 이유다. 과거에 대해 배우는 것은 매우 교육적이고 옛 사람들의 삶, 투쟁, 실수, 진보에 대한 지식을 제공한다. 또한 우리의 전통과 조상을 높이 평가하도록 한다.

- necessity 필요, 필연
- subject 과목

writing tutor 'all in all'은 '대체로, 대강 말하면'이라는 뜻입니다. 문장을 정리하기에 적당한 표현이죠? 또 하나, 설명하고 싶은 표현이 있습니다. 여기서 'appreciate'는 '높이 평가하다, 인정하다'의 의미로 쓰였습니다. 그동안 '고맙게 여기다'의 뜻으로만 알고 있었던 분들, 꼭 챙겨두세요.

Test

"쿵쾅쿵쾅~ 점수 확인"

시험일로부터 10일 후에 인터넷상으로 점수 확인이 가능합니다.
물론 마음이 엄청 떨리겠지만요.
인터넷상의 점수 확인과는 별도로 우편을 통해 점수표를 직접 받아볼 수 있습니다.
(CBT와는 달리 전화 확인은 안 됩니다.)

점수표를 받으면 잘 보관해두세요.
제출 장소에 따라 약간 다르겠지만 우편을 통해 받은 토플 점수는 어디서든 환영이거
든요. 요즘 점수 위조니 뭐니 많이 시끄럽잖아요. 우편으로 받으신 토플 점수표 잘 가
지고 계시다가 필요할 때 제출하세요.
토플 점수, 유학 간다면 거의 100퍼센트 필요하니까요.

Question 6

Some people prefer to work for a large company. Others prefer to work for a small company. Which would you prefer? Use specific reasons and examples to support your opinion.

Let's think about it _

Small company
- 소규모 회사는 가족적인 분위기에서 근무할 수 있다는 장점이 있다.
- 회사가 어떻게 운영되는지 파악하기가 비교적 수월하다.

Large company
- 큰 회사는 직원에게 좋은 복지 혜택을 제공해주고 있다.
- 큰 회사일수록 좋은 경력이 될 수 있다.
- 많은 사람과 근무하게 되면 경쟁 속에서 살아남기 위해 자기 계발을 꾸준히 하게 된다.

TASK Large company를 선호하는 글을 써보세요.

자, 이제부터 서론, 본론, 결론 문단을 작성합니다.
자신감을 가지고 시작해봅시다.

Test 🕐

Instruction 쓰기

아래 표현을 사용하여 글을 써보세요.
- learn and grow 배우고 성장하다
- organization 기관, 기업
- job security 직업의 안정성

Working is a pleasure for me. This is because it gives me a sense of satisfaction and a feeling of achievement.

✓ 참고로 이 글은 토플 라이팅 시험에서 만점을 받았던 실제 에세이입니다.

  Answer

Sample

Working is a pleasure for me. This is because it gives me a sense of
satisfaction and a feeling of achievement. **Some people prefer to**
work for a large company. Others prefer to work for a small company.
I prefer to work for a large company as it gives me opportunities to
learn and grow. Working in a large organization also provides added
job security.

| 해석 | 일은 내겐 기쁨이다. 내게 만족감과 성취감을 주기 때문이다. 어떤 이들은 대기업에서의 근
무를, 다른 이들은 중소기업 근무를 선호하는데, 나는 배우고 성장할 기회를 제공하기 때문에 대기
업 쪽을 선호한다. 또한 큰 규모의 조직체에서 일하는 것은 부가적으로 직업 안정성을 제공한다.

• pleasure 기쁨

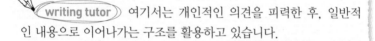

writing tutor 여기서는 개인적인 의견을 피력한 후, 일반적
인 내용으로 이어나가는 구조를 활용하고 있습니다.

Test

Body 1 쓰기

아래 표현을 사용하여 글을 써보세요.

- essential 꼭 필요한
- concept 발상, 개념
- grow 발전하다
- self-improvement 자기 계발
- application 적용, 응용

By working in a large corporation, I will have numerous

opportunities to learn while working. I can attend job training to

✓ 주어진 문장으로 글을 쓰기 어려우면 자신만의 아이디어로 써보세요.

Sample

By working in a large corporation, I will have numerous opportunities to learn while working. I can attend job training to **improve upon my weaker areas, such as** technological know-how. This training is essential for self-improvement. Actually, I am paid for learning. Isn't it a wonderful concept? A large organization focuses on new ventures to expand business. Hence, in large organizations, one can grab many opportunities to grow. The more you learn and improve your knowledge by application, the more opportunities you get to grow.

| 해석 | 대기업에서 일함으로써 나는 일하는 동안 배울 수 있는 수많은 기회를 갖게 될 것이다. 기술 노하우 같은 내 취약 분야를 개발할 직업훈련에 참여할 수 있다. 이 훈련은 자기 계발에 필수적이다. 실제로, 배우면서 돈을 버는 것이다. 굉장한 발상 아닌가? 큰 조직체는 사업 확장을 위한 새로운 모험에 초점을 맞춘다. 그러므로 큰 조직체에서는 성장할 수 있는 많은 기회를 거머쥘 수 있다. 배우고 적용하여 지식을 쌓으면 쌓을수록 성장할 수 있는 더 많은 기회를 얻게 될 것이다.

writing tutor 다른 Body sample보다 비교적 긴 단락이죠. 솔직히 이 정도 길이의 내용이 좋은 점수를 받기에 적당합니다. 물론 길이를 맞추기 위해 불필요한 내용을 쓰면 안 되겠죠?

Test

Body 2 쓰기

아래 표현을 사용하여 글을 써보세요.

- well established 안정된, 정착된
- shut down 휴업하다, 폐쇄하다
- key factor 핵심 요소
- concern 관심사

Another major reason for opting to work for a large organization is job security.

✓ 'opting'이라는 단어를 잠시 볼까요? 'opt for'는 '~을 선택하다'라는 뜻입니다. 하지만 지금 위의 문장은 주어가 지나치게 길죠? 이건 피하는 게 좋습니다. "Job stability is another reason..." 식으로 쓰는 것이 이해하기도 훨씬 쉽고, 더 좋은 점수를 받을 수 있습니다.

Sample

Another major reason for opting to work for a large organization is job security. A large organization is well established in its field of business. The employees in such organizations do not have to worry about the business shutting down. Job security is a central concern for job seekers.

| 해석 | 대기업을 선택하는 또 다른 중요한 이유는 직업 안정성이다. 대기업은 해당 사업 분야에 견고히 자리 잡고 있다. 그러한 기업의 고용인은 사업이 망할 것을 걱정하지 않아도 된다. 직업 안정성은 구직자가 고려하는 주요한 사항이다.

• opt 고르다, 선택하다
• field 분야

writing tutor Body 1과 비교해서 Body 2가 현저히 짧죠? 글쓴이는 Body 1을 쓸 때 너무 많은 시간을 투자해서 Body 2를 완성하지 못했거나 Body 2에 쓸 내용이 별로 없었던 것이죠. 이런 구조는 피해야 됩니다. Body의 단락을 어느 정도 비슷하게 구성하세요.

Test

Conclusion 쓰기

> 아래 표현을 사용하여 글을 써보세요.
> - area of interest 관심 분야
> - in addition 덧붙여
> - accomplishment 성취

To sum up, while working in a large organization which focuses on expansion, one can get many opportunities to learn and grow.

✓ 무엇보다도 자신만의 글을 쓰는 게 중요합니다. 라이팅에 있어서 꼭 이렇게 써야 한다는 정답은 없으니까요. 다만 어느 정도의 가이드라인이 있을 뿐이지요.

  Answer

Sample

To sum up, while working in a large organization which focuses on expansion, one can get many opportunities to learn and grow. **As learning new things is my area of interest, I prefer to work in a well established, large organization. In addition, such a job gives me a feeling of accomplishment, growth, and security.**

| 해석 | 요약하자면 확장 중심적인 대기업에서 일하는 동안 많은 배움과 성장의 기회를 얻을 수 있다. 새로운 일을 배우는 것이 나의 관심사기 때문에, 잘 자리 잡힌 대기업에서의 근무를 선호한다. 덧붙여 그러한 직업은 성취감, 성장, 안정성을 제공한다.

• expansion 확장, 확대

writing tutor 'to sum up'은 '요약하자면'이라는 뜻으로, 정리할 때 아주 유용하게 쓸 수 있는 표현입니다. 같은 의미로 in short, in brief, in a nutshell, in a word 등 아주 다양한 표현이 있답니다. 연습하면서 꼭 한번 써보세요!

Test

"라이팅 섹션 점수 알아보기"

통합형과 독립형 모두 5점 만점입니다.
두 개 점수의 평균을 낸 후 환산 점수로 전환하게 됩니다. 바로 전환된 점수가 라이팅 점수가 되는 것이지요.

평균 점수	환산 점수	평균 점수	환산 점수
5.00	30	2.25	15
4.75	29	2.00	14
4.50	28	1.75	12
4.25	27	1.50	11
4.00	25	1.25	10
3.75	24	1.00	8
3.50	22	0.75	7
3.25	21	0.50	5
3.00	20	0.25	4
2.75	18	0.00	0
2.50	17		

두 개 다 5점 만점을 받아 30점을 받아보세요!

Question 7

A company is going to donate money either to support the arts or to protect the environment. Which do you think the company should choose? Use specific reasons and examples to support your opinion.

Let's think about it _

💬 Environment
• 회사는 환경보호를 지원하여 홍보 효과를 얻을 수 있다.
• 환경보호는 결국 지역사회뿐만 아니라 모두에게 이로운 일이 될 것이다.

💬 Arts
• 문화 사업 지원은 환경보호 지원보다 더 큰 홍보 효과가 있다.
• 문화 사업을 지원함으로써 회사의 이미지에 좋은 영향을 줄 것이다.

TASK Environmental protection을 선호하는 글을 써보세요.

자, 이제부터 서론, 본론, 결론 문단을 작성합니다.
자신감을 가지고 시작해봅시다.

Test 🕐

Instruction 쓰기

아래 표현을 사용하여 글을 써보세요.

- fast changing 빠른 변화
- pollution 오염
- preserve 보존하다

If a company is going to donate money either to support the

arts or to protect the environment, I will argue in favor of

✓ 서론의 첫 문장을 질문의 문구 그대로 다시 썼습니다.
독창적이지는 않지만 가장 안전하고 흔한 방법이죠.

Sample

If a company is going to donate money either to support the arts or to protect the environment, I will argue in favor of **the second option. Of course, money should be donated to both the arts and the environment, but I believe that in our fast changing world, with all the pollution, preserving nature is more important than supporting the arts.**

| 해석 | 만약 회사가 예술 지원과 환경보호 중 하나에 기부한다면 나는 후자에 찬성한다. 물론 돈을 예술과 환경 모두에 기부해야 하지만, 공해를 동반하며 빠르게 변화하는 세상에서 자연을 보존하는 일은 예술 지원보다 더 중요하다고 생각한다.

• in favor of ~에 찬성하여, 편들어
• option 선택권, 선택 행위

writing tutor '누가 ~한다면'이라는 뜻의 if절로 시작되었 죠? 이것도 자연스럽게 자신의 의견을 개진하는 방법 중 하나입니다. 한편 'argue in favor of'는 '어느 쪽을 지지하겠다'라는 뜻으로 사용되었습니다.

Test

Body 1 쓰기

아래 표현을 사용하여 글을 써보세요.
- respiratory disease 호흡기 질환
- donate 기부하다
- severe 매우 심한

Nowadays we have many sources of pollution, such as cars
and factories. This causes many people to

✓ 자기 의견의 핵심적인 부분을 강조하기 위해 다양한 문형으로 글 쓰는 연습을 해봅시다.

Sample

Nowadays we have many sources of pollution, such as cars and factories. This causes many people to **suffer from respiratory diseases.** This also makes air pollution a serious problem in the cities. If a company donates money to fight this severe problem, many city dwellers will be very appreciative of this.

| 해석 | 오늘날 우리는 차와 공장 같은 많은 오염 원인을 가지고 있다. 이는 많은 사람에게 호흡기 질환으로 인한 고통을 유발한다. 또한 도시에 심각한 대기오염 문제를 야기한다. 회사가 이 심각한 문제와 싸우기 위해 돈을 기부한다면 많은 도시 거주자들은 매우 감사히 여길 것이다.

• dweller 거주자, 주민
• appreciative of ~을 감사하는

writing tutor 'respiratory'라는 단어가 생소한가요? 사실은 그렇지 않을 겁니다. 우리를 공포에 몰아넣었던 사스(SARS) 기억나세요? 바로 Severe Acute Respiratory Syndrome의 약자죠. 역시 여러 방면에 귀를 열어놓는 게 중요하겠죠? 하나 더! 'nowadays' 같은 부사는 we nowadays… 혹은 다른 부사로 we recently…처럼 쓰는 것이 보기에 더 안정적이랍니다. 부사의 배치가 때론 문장을 어색하게 보이게 할 수 있거든요.

Test

Body 2 쓰기

> 아래 표현을 사용하여 글을 써보세요.
> - recycle 재활용하다
> - recover 회복하다
> - mother nature 자연
> - rigors of life 생활고

Second, water is one of the most important resources on our planet.

Last but not least, the donated money can be used to conserve forests and build parks.

✓ 토플 에세이를 쓸 때는 잘 모르는 부분을 건박르게 주장하기보다는 아는 부분만 파헤쳐나가는 게 효과적입니다.

Sample

Second, water is one of the most important resources on our planet.
No one can live without water, so it must be protected. If possible, it
must also be recycled and maintained.

Last but not least, the donated money can be used to conserve
forests and build parks. These parks can help people better relate to
Mother Nature. People can spend their time in these places to
recover from the rigors of life in the city.

| 해석 | 둘째, 물은 지구의 가장 중요한 자원 중 하나다. 그 누구도 물 없이는 살 수 없으므로 물은 반
드시 보호되어야 한다. 가능하다면 재생되고 유지되어야 한다.
마지막으로 중요한 것은 기부된 돈을 숲의 보존과 공원 설립에 사용할 수 있다는 점이다. 공원을 통
해 사람들은 자연과 더욱 가까워질 수 있다. 사람들은 이런 곳에서 시간을 보내며 고된 도시 생활에
서 회복할 수 있다.

writing tutor 글쓴이는 짧은 내용을 보강하기 위해서 아이
디어를 한 가지 더 추가했습니다. 다양한 항목을 많이 쓸수록 좋지
만 지나치게 짧은 단락은 피하세요. 그리고 'last but not least' 역시
마무리할 때 아주 요긴하게 쓸 수 있는 표현으로 '끝으로 중요한 말
을 한마디 하면'이라는 뜻을 갖고 있습니다.

Test

Conclusion 쓰기

아래 표현을 사용하여 글을 써보세요.
- portray 그리다
- conserve 보존하다

To summarize, I believe that the arts can be a great tool for

expressing oneself and for showing the beauty of nature.

However,

✓ 'to summarize'라는 표현을 사용해서 앞선 내용을 정리하고 있습니다. 결론을
시작하는 일반적인 표현 방법이죠.

  Answer

Sample

To summarize, I believe that the arts can be a great tool for expressing oneself and for showing the beauty of nature. However, if we do not work to maintain the beauty of nature, then what is the use of trying to portray it? Therefore, I believe that the money from a company will be better used to conserve the environment.

| 해석 | 요약하면 나는 예술이 자신을 표현하고 자연의 아름다움을 나타내는 훌륭한 도구가 될 수 있다고 생각한다. 하지만 자연의 아름다움을 유지하기 위해 애쓰지 않는다면 그것을 묘사한들 무슨 소용이 있을까? 그러므로 나는 회사의 기부금이 환경보호에 사용되는 쪽이 낫다고 생각한다.

• tool 도구

writing tutor 이 글의 경우, 첫 문장에서 예술에 투자하는 것 역시 좋다고 말한 다음, however를 써서 자신의 의견을 강조하는 효과를 노리고 있습니다. 여러분도 해보세요!

Test

"노트 필기 핵심 기술"

시험에 꼭 필요한 기술이라고 하지는 않겠습니다. 하지만 유학을 준비하는 독자라면 '영어 필기체'를 익혀두세요. 토플 시험 시에 필기도 빠르게 할 수 있고 유학 생활 중에 강의노트도 쉽게 만들 수 있습니다.

필자의 경우에도 유학 초기 강의를 들을 때 노트 필기하는 데 상당한 어려움을 겪었습니다. 더군다나 대학 강의에서는 필요한 것은 알아서 적어야 하기 때문에 따로 필기 시간이란 게 주어지지 않습니다. 보통 유학생들은 녹음기로 강의를 녹음해서 기숙사에 돌아와 다시 들으며 노트 필기를 하곤 하는데, 그것보다 훨씬 효율적인 방법이 영어 필기체를 쓰는 것입니다.

또, 유학 생활 중 필기체를 쓸 줄 안다면 중간, 기말고사같이 한정된 시간 안에 작문을 해야 하는 경우 빠르게 많은 분량을 쓸 수 있습니다.
자 그럼, 필기체와 친해져봅시다!

Question 8

Do you agree or disagree with the following statement? Technology has made the world a better place to live. Use specific reasons and examples to support your opinion.

Let's think about it _

 Agree
- 기술의 발전으로 인해 사람들의 생활이 더욱 편리해졌다.
- 노동력을 아낄 수 있으며 더욱 효율적인 업무가 가능해졌다.

 Disagree
- 발달된 기술로 인해 인간은 무기를 개발하여 더욱 파괴적인 삶을 살아가고 있다.
- 인간복제 같은 기술로 인해 윤리적인 문제가 제기된다.

TASK 위의 주제에 동의하는 글을 써보세요.

자, 이제부터 서론, 본론, 결론 문단을 작성합니다.
자신감을 가지고 시작해봅시다.

Test

Instruction 쓰기

아래 표현을 사용하여 글을 써보세요.
- technological revolution 기술혁명
- humankind 인류
- argument 논쟁

Technology has changed the way that we live our lives in this new millennium. It has affected each and every facet of people's lives from all countries irrespective of cultural and physical boundaries.

✓ 'irrespective of'는 '~와 관계없이'라는 뜻입니다. 유용하게 쓸 수 있는 숙어이지요.
'boundaries'는 '경계, 국경'을 뜻하는 'boundary'의 복수형입니다.

Sample

Technology has changed the way that we live our lives in this new millennium. It has affected each and every facet of people's lives from all countries irrespective of cultural and physical boundaries. Many people may argue with the fact that not all change due to the technological revolution has resulted in the progress of humankind. But I strongly support the argument that technology has made the world a better place to live. I will explain my point of view with examples and reasoning in the following paragraphs.

| 해석 | 새 천 년에 기술은 삶의 방식을 바꾸어놓았다. 이는 문화적, 물리적 경계와 상관없이 전 세계 사람들 삶의 모든 면에 영향을 미쳤다. 많은 사람이 기술혁명으로 인한 모든 변화가 인류의 진보만을 가져온 것은 아니라고 주장할 것이다. 그러나 나는 기술이 세상을 더 살기 좋은 곳으로 만들어왔다는 의견을 지지한다. 나는 이어지는 문단에서 내 관점을 실례와 논거로 설명하겠다.

• facet 한 면, 국면

writing tutor 표현 하나 살펴보죠. 이 글에 나온 'result in' 은 '~로 끝나다, 귀착하다'라는 뜻인 반면, 'result from'은 원인을 나타내어 '~의 결과로써 생기다, 기인하다'라는 의미입니다. 머릿속에 잘 새겨두세요.

Test ⏱

Body 1 쓰기

> 아래 표현을 사용하여 글을 써보세요.
>
> - communication 의사소통
> - technology 과학기술
> - transmit 전송하다
> - medium 매체
> - betterment 개량, 개선

First of all, technology has improved the quality of our lives. For example, at work computers help us plan and execute our work faster. Also,

> ✓ 위에 제시된 단어를 보면 일단 의사소통 수단에서의 혁명을 떠올릴 수 있겠죠?
> 'execute'가 '사형시키다'가 아니라 '수행하다'라는 뜻으로 사용되었다는 것도
> 기억해두세요!

Sample

First of all, technology has improved the quality of our lives. For example, at work computers help us plan and execute our work faster. Also for instance, communication technology has revolutionized the way people around the world talk and share information. Previously, pigeons were used to transmit information. Now, due to the efforts of many scientists and organizations, we have mediums such as e-mail, telephone, and facsimile machines that allow people to share information in ways which were never thought possible before. This results in people meeting and sharing thoughts and exchanging knowledge, which eventually leads to the betterment of humankind.

| 해석 | 무엇보다도 기술은 삶의 질을 향상시켰다. 예를 들어 일 처리할 때 컴퓨터는 우리 작업의 기획과 실행을 더욱 빠르게 했다. 예를 들어 통신 기술은 전 세계 사람들이 대화를 나누고 정보를 공유하는 방식에 혁명을 일으켰다. 예전에는 비둘기를 정보 전달에 사용했다. 현재는 많은 과학자와 단체의 노력으로 전에는 생각할 수 없었던 방식으로 정보를 공유할 수 있는 이메일, 전화, 팩스 같은 매체를 가지고 있다. 이는 사람들이 만나서 생각을 나누고 지식을 교환하게 되는 결과를 낳아 결국 인류의 발전으로 이어졌다.

Test

Body 2 쓰기

아래 표현을 사용하여 글을 써보세요.

- application 적용
- treatment 치료
- efficiency 효율성
- repetitive 반복적인

Secondly, technology has made possible many things which were thought to be impossible. For instance, in the past many diseases and disabilities were thought to be incurable.

✓ 주장에 대한 적절한 예를 들어보세요.
자기 의견을 전달하는 가장 효과적인 방법입니다.

Sample

Secondly, technology has made possible many things which were thought to be impossible. For instance, in the past many diseases and disabilities were thought to be incurable. But applications of radioactive isotopes in cancer treatment and artificial limb implants for disabled persons are some instances of technology improving the lives of people. Technology has also increased economic efficiency. A good example of this are machines used in factories that are more efficient at doing repetitive tasks compared to humans.

| 해석 | 둘째로 기술은 불가능하다고 생각했던 많은 일을 가능하게 만들어왔다. 예를 들어 과거에는 많은 병과 장애가 치유될 수 없다고 여겨졌다. 그러나 암 치료에 있어 방사성 동위원소의 응용과 장애인을 위한 인공사지 이식은 인간의 삶을 개선시킨 기술의 예다. 또한 기술은 경제 효과를 증대했다. 좋은 예로 공장의 기계는 인간에 비해 반복적인 업무를 더욱 효율적으로 수행한다.

• radioactive 방사성의 • isotopes 동위원소

writing tutor 이 샘플에서는 글쓴이가 두 가지 항목을 한 단락에 썼습니다. 이런 경우 글이 산만해질 수 있죠. 또한 'for instance'와 'in the past' 같은 부사를 연달아 쓰는 것도 좋지 않습니다. 이럴 때는 하나를 문장의 맨 뒤로 빼주도록 합니다.

Test

Conclusion 쓰기

아래 표현을 사용하여 글을 써보세요.
- preserve 보존하다
- without a doubt 의심 없이

In conclusion, I fully support the statement that technology has

made our world a better place to live. Furthermore,

_____

_____

_____

_____

_____

_____

_____

_____

✓ 과학과 관련된 글쓰기가 더욱 어렵게 느껴진다고요? 다양한 분야에 대한 글쓰기를
연습함으로써 시험 대비는 물론, 영어 실력도 향상시킬 수 있답니다.

Sample

In conclusion, I fully support the statement that technology has made our world a better place to live. Furthermore, **it gives us a means by which we can preserve the best of our world for future generations to come.**

| 해석 | 결론적으로 나는 기술이 세상을 더욱 살기 좋은 곳으로 만들어왔다는 의견을 전적으로 지지한다. 게다가 다가올 미래 세대를 위해 세상에서 가장 좋은 것을 보존할 수단을 제공한다.

• **statement** 의견, 주장
• **means** 도구, 수단

 (**writing tutor**) 결론 부분에서 'technology has made'라고 '현재완료형'을 사용함으로써, 과학기술이 단순히 과거의 일만이 아니라 현재까지도 영향을 미치고 있음을 적절하게 표현해주고 있습니다. 하지만 이 에세이는 결론이 너무 짧지 않나요? 이렇게 되면 글의 전체적인 균형이 깨지게 됩니다. 이러한 실수가 없도록 시간 배분을 잘하려면, 부단한 연습밖에 없습니다. 아시죠?

Test

"교정의 미학"

토플 시험 시 글쓰기에 집중하면 시간 가는 줄 모르는 경우가 많습니다. 그러다 보면 에세이의 마지막 마침표를 찍음과 동시에 시험이 끝나는 경우가 종종 있죠.

사실 아무리 영어를 잘하는 사람도 글을 빠르게 쓰다 보면 실수를 하게 마련입니다. 맞춤법, 문법, 구두점 등등등. 이런 것 때문에 점수가 깎인다면 정말 안타까운 일이죠. 이를 방지하기 위해 각 파트의 마지막 3~5분은 꼭 교정하는 시간으로 할애해야 합니다. 그러기 위해서는 주어진 시간을 미리 계획하여 시간에 쫓기는 일이 없도록 해야겠습니다. 어이없는 맞춤법 실수는 전체적인 글의 수준과 글쓴이의 영어 실력을 의심하게 만듭니다.

Question 9

Do you agree or disagree with the following statement? Teachers should be paid according to how much their students learn. Use specific reasons and examples to support your opinion.

Let's think about it _

Agree

- 교사들이 직업에 더욱 책임감을 느끼고 자부심을 가지게 될 것이다.
- 금전적인 이익이 교사에게 자극이 되어 일의 효율성을 높일 수 있다.

Disagree

- 학생들이 얼마나 배웠는지 평가 기준이 애매모호하다.
- 교사라는 직업의 목표가 금전적인 이익이 된다는 것은 윤리적으로 부적절하다.

TASK 위의 주제에 반대하는 글을 써보세요.

자, 이제부터 서론, 본론, 결론 문단을 작성합니다.
자신감을 가지고 시작해봅시다.

Test

Instruction 쓰기

아래 표현을 사용하여 글을 써보세요.
- ethical 윤리적인
- standard 기준
- unfair 불공평한
- characteristic 특징

Teachers are the backbone of our education system.

✓ 우선 교사의 기본적인 역할을 설명함으로써 글을 시작하고 있습니다. 'backbone,' 즉
'척추'라는 단어를 사용함으로써 그 역할을 강조하는 효과도 주고 있죠.

Sample

Teachers are the backbone of our education system. **They are there to help students who want to learn and to encourage students who have a hard time with the subject matter. Teachers should not be paid based on what their students learn.**

| 해석 | 교사는 우리 교육 시스템의 척추다. 그들은 배우고자 하는 학생을 돕기 위해 그리고 교과로 어려워하는 학생을 독려하기 위해 그 자리에 있다. 교사는 학생이 배우는 것에 근거해 보수가 지급되어서는 안 된다.

• encourage 장려하다, 북돋우다

(**writing tutor**) 이 서론은 처음 두 문장에서 교사의 특성을 설명한 다음 바로 주장으로 들어가고 있습니다. 그런데 이때 뭔가 부족한 느낌을 주는군요. 마지막 문장에서 자신의 주장을 쓰기 전에, therefore와 같은 연결 표현이 빠졌기 때문입니다. 이 표현 말고도 that's why I think... 와 같은 표현으로 보다 자연스럽게 연결할 수 있지 않았을까요?

Test ◯

Body 1 쓰기

아래 표현을 사용하여 글을 써보세요.
- motivated 동기가 부여된
- trouble maker 말썽꾸러기
- administration 관리자 측, 행정부

One reason for this is that not all students are on even terms with each other; consequently, some students need special help.

✓ 서론에 제시한 의견을 뒷받침하기 위해서 'one reason for this'로 시작하고 있죠? 하지만 꼭 이렇게 쓸 필요는 없습니다. 독자 여러분은 자신만의 글을 쓰기 위해 노력해보세요!

Sample

One reason for this is that not all students are on even terms with each other; consequently, some students need special help. **Students who need extra help will not learn as much as the other students in the given time period. Therefore, a teacher has to take extra time to ensure that the student learns the subject matter. Also, some students are not motivated to learn and are trouble makers in class. If the student who causes trouble in class is not ready to learn, it is the responsibility of the administration to sort out the student's problem.**

| 해석 | 한 가지 이유는 모든 학생이 같은 조건에 있는 것은 아니므로 어떤 학생은 특별한 도움이 필요하기 때문이다. 추가적인 도움이 필요한 학생은 주어진 시간 안에 다른 학생만큼 배우지 못할 것이다. 그러므로 교사는 그 학생이 교과를 확실히 배우도록 하기 위해 여분의 시간을 내야 한다. 또한 어떤 학생들은 배울 의욕이 없고 학급의 말썽꾸러기다. 학급에 문제를 일으키는 학생이 배울 준비가 안 되어 있다면 그 학생의 문제를 해결하는 것은 관리 당국의 책임이다.

• **even** 한결같은, 고른
• **term** 조건
• **consequently** 결과적으로

 Test

Body 2 쓰기

아래 표현을 사용하여 글을 써보세요.
- unfairly 불공평하게
- teaching community 교육 사회
- discontent 불만족
- victim 희생자

Second, the standards for judging how much a student has learned are too ambiguous.

✓ 첫 번째 body는 'one reason for this'로 시작되었는데, 갑자기 'second'로 다음 문단을 시작하니 뭔가 어색한 느낌이네요. 독자 여러분은 다르게 시도해보세요.

  Answer

Sample

Second, the standards for judging how much a student has learned are too ambiguous. There is no definite rule to judge something so intangible. If this was the case, many teachers might feel that their efforts had been unfairly graded. This would lead to discontent in the teaching community. At the end of the day, the victims will be the students because they will not receive the required education.

| 해석 | 둘째로, 한 학생이 얼마나 배웠는지 가늠하는 기준은 너무 모호하다. 매우 막연한 어떤 것을 판단할 확실한 척도가 없다. 이와 같은 경우라면 많은 교사가 그들의 노력이 불공평하게 점수 매겨졌다고 여길 것이다. 이는 교육 사회에 불만을 야기할 것이다. 결국 학생들은 필요한 교육을 받지 못하게 되기 때문에 희생양이 될 것이다.

- ambiguous 애매모호한
- intangible 막연한, 파악할 수 없는

writing tutor '어떠한 결과를 초래할 것이다'라는 의미로 'lead to'가 유용하게 쓰인 것을 눈여겨봐두세요. 또한 마지막 문장에서는 'At the end of the day', 즉 '결국, 최후에는'을 사용해 자신의 주장을 더욱 부각시키고 있습니다.

Test

Conclusion 쓰기

아래 표현을 사용하여 글을 써보세요.
- duty 임무, 의무
- personal life 사적인 삶
- based on ~을 바탕으로

In summary, I would like to note that

✓ 결론에서는 무엇보다 지금까지의 내용을 어떻게 효과적으로 정리하고 강조할 수 있는지에
초점을 맞춰야겠습니다. 혹시라도 새로운 내용을 추가하는 위험을 감수하지는 않을 거죠?

Sample

In summary, I would like to note that teachers should be paid more than they are getting now because they do go beyond their duties to make sure that a student is comfortable in the classroom and learning as much as he or she can. Teachers take time out of their personal lives in order to help students. Therefore, they should not be paid based on how much students learn.

| 해석 | 요약하면 나는 교사가 현재보다 더 많은 보수를 받아야 한다고 말하고 싶다. 왜냐하면 그들은 학생이 학급에서 편안하게 가능한 한 많이 배우도록 하기 위해 업무 범위를 초과하여 일하기 때문이다. 교사는 학생을 돕기 위해 개인 시간까지 쓴다. 그러므로 학생들이 얼마나 배우느냐에 기초해 교사가 보수를 받아서는 안 된다.

• note 주목하다, 언급하다

writing tutor 아니 웬걸? 이 결론에서는 자신의 주장을 요약하는 것이 아니라 새로운 의견을 삽입했네요. 따라서 부적절하고 혼란스러운 글이 되어버렸습니다. 여러분은 이 샘플을 보며 같은 실수를 범하지 않도록 유의합시다.

Test

"가장 중요한 그것"

토플 라이팅은 물론 어느 라이팅에나 적용되는 중요한 한 가지가 있습니다. 그것은 바로 주제에 대한 집중입니다. 글을 쓰다 보면 광범위하게 이것저것 쓰게 되는 경우가 있습니다. 시간도 제한되고 쓸 수 있는 분량도 한정된 토플 시험의 경우, 직설적으로 토픽의 핵심을 말하는 것이 좋습니다. 어설프게 이것저것 피력하다 보면 읽는 사람을 혼란스럽게 만들죠. 즉, 전체적인 글 흐름이 주제에 집중될 수 있도록 해야만 좋은 점수를 받을 수 있습니다.

주제에 집중해야 한다는 것은 어찌 보면 너무 당연한 말 같지만 수강생들이 글을 쓰다가 집중력을 잃어 두서없는 에세이를 작성하는 경우를 많이 보았습니다.

기억합시다! 주제에 집중하여 읽는 이로 하여금 본인의 의사를 확실히 알 수 있도록 삼천포로 빠지지 말자고요.

Question 10

Some people prefer to spend most of their time alone. Others like to spend most of their time with friends. Do you prefer to spend your time alone or with friends? Use specific reasons and examples to support your opinion.

Let's think about it _

🔘 **With friends**
- 사교 능력을 키울 수 있는 좋은 기회를 제공한다.
- 여러 명의 제안과 아이디어를 통해 혼자 못하는 일을 해낼 수 있다.

🔘 **Alone**
- 자기만의 시간을 가지며 취미 활동을 할 수 있다.
- 독립성을 키워주는 좋은 기회다.

 TASK Spending time alone을 선호하는 글을 써보세요.

자, 이제부터 서론, 본론, 결론 문단을 작성합니다.
자신감을 가지고 시작해봅시다.

Instruction 쓰기

아래 표현을 사용하여 글을 써보세요.

- invest 투자하다
- individual activities 개인 활동
- concentration 집중
- silence 침묵

I personally prefer to spend time alone. I prefer to

✓ 일단 서론에서는 자신의 입장을 어떻게 밝힐지 결정해야겠죠?

Sample

I personally prefer to spend time alone. I prefer to **invest time doing the things that I like, especially when those things cannot be done with people around.** Most of my hobbies require concentration and silence, so having people around me during my free time is disadvantageous.

| 해석 | 나는 개인적으로 혼자 시간 보내는 것을 좋아한다. 나는 내가 좋아하는, 특히 주위에 사람들이 있으면 할 수 없는 것을 하면서 시간 보내기를 선호한다. 나의 취미 대부분이 집중력과 조용함을 필요로 하기 때문이다. 그래서 여가 시간 동안 사람이 곁에 있으면 불편하다.

• disadvantageous 불편한, 불리한

writing tutor 이 서론에서는 중립적인 입장을 소개하는 문장은 없고 개인 의견만을 집중적으로 피력하는 방식을 택했네요. 중립적인 입장을 보여주는 문장 하나 정도는 넣는 것도 좋습니다. 예를 들면, "Spending time with friends can be fun, but I personally like to spend time alone"처럼요.

Test

Body 1 쓰기

아래 표현을 사용하여 글을 써보세요.
- preference 더 좋아함
- engage 관여하다
- disturbance 방해

One of my favorite hobbies is reading. Therefore, I want to be in an isolated location in order to concentrate on my book.

✓ 자신의 취미와 '혼자 시간을 보내는 것'의 연관성을 이용해
'prefer to be alone'에 대한 근거를 제시하려고 하네요.

Sample

One of my favorite hobbies is reading. Therefore I want to be in an isolated location in order to concentrate on my book. **I prefer reading rather than watching television. When my family gets together at home to watch television, I go to my bedroom to read a book. This is my preference, and my parents respect it. I also dislike people disturbing me when I am surfing the Internet. It is not that I do not like people. I get along well with my friends and family, but I prefer to engage in activities without disturbances.**

| 해석 | 내가 가장 좋아하는 취미 중 하나는 독서다. 그래서 나는 책에 집중하기 위해 고립된 곳에 있는 것을 좋아한다. 나는 텔레비전을 보는 것보다 독서를 좋아한다. 가족이 텔레비전을 보기 위해 모여 있을 때 나는 책을 읽으러 내 방으로 간다. 내 취향이고 부모님도 이를 존중한다. 또 나는 인터넷 서핑을 할 때 누가 방해하는 것을 싫어한다. 내가 사람을 싫어하는 것은 아니다. 나는 친구들, 가족과 잘 지내지만, 방해받지 않고 활동에 몰두하기 좋아할 뿐이다.

writing tutor 혼자 있는 시간을 선호하는 이유를 설명하기 위해 독서와 텔레비전 시청을 활용했네요. 하지만 갑자기 인터넷 이야기가 나오면서 혼란스러운 느낌이 듭니다. 이 문장은 빠져도 문맥상 전혀 문제가 없죠? 불필요한 문장을 쓰는 일은 피해야겠네요.

Test ⏱

Body 2 쓰기

아래 표현을 사용하여 글을 써보세요.
- self-improvement 자기 개선
- analyze 분석하다
- self reflection 자기반성
- ultimately 최종적으로

I like to be alone because this gives me time for self reflection.

✓ 혼자 있는 동안은 아무래도 생각이 많아지게 마련이죠?
이런 시간이 주는 기회라면 뭐가 있을까요? 위에 제시된 단어를 참고해보세요!

  Answer

Sample

I like to be alone because this gives me time for self reflection. At the end of the day, I think back on the events of the day to analyze, learn, and improve on them. Self-improvement can be more easily achieved when one is not distracted by the opinions of others. This is why I believe I need to spend time alone for careful self reflection.

| 해석 | 나는 혼자 있는 시간이 자기반성의 시간을 제공하기 때문에 좋아한다. 하루를 마친 뒤, 분석하고 배우고 개선하기 위해 그날의 일을 돌이켜본다. 자기 개선은 다른 사람의 의견으로 주의를 흐트리지 않을 때 더 쉽게 이루어진다. 이것이 내가 세심한 자기반성을 위해 혼자 보내는 시간이 필요한 이유다.

• distract 어지럽히다, 괴롭히다

writing tutor 여기서는 first, second 같은 표현을 쓰지 않았어요. 그래서 왠지 포인트가 정리되지 않는다는 느낌을 주죠? 잊지 말고 쓰세요!

Test

Conclusion 쓰기

아래 표현을 사용하여 글을 써보세요.

- abnormal 비정상적인
- preference 더 좋아하는 것
- get along with ~와 어울리다
- anti-social 반사회적인

Some people think that if someone prefers to spend time alone, then that person is anti-social. I think that this is just a stereotypical view.

✓ 혼자 있는 것을 선호하는 사람에 대한 오해, 어떤 게 있을 수 있을까요? 이러한 오해에 대한 반론의 글을 제기하면서 자신의 주장을 강조하는 효과를 노려볼 수도 있겠지요?

Sample

Some people think that if someone prefers to spend time alone, then that person is anti-social. I think that this is just a stereotypical view. I do not consider myself abnormal because of my preference. I still have many friends with whom I easily get along. Yet, I feel that once in a while I need to get away from everything in order to invest some time in myself, and I think this would prove beneficial for anyone.

| 해석 | 어떤 사람은 누군가 혼자 지내기를 좋아한다면 반사회적인 사람이라고 생각한다. 이는 진부한 관점일 뿐이라고 생각한다. 내 취향 때문에 나 자신을 비정상적이라고 보지 않는다. 나는 잘 어울리는 친구가 여럿 있다. 그러나 가끔 나 자신에게 시간을 투자하기 위해 모든 것으로부터 멀어질 필요가 있고 이는 누구에게나 유익하다고 생각한다.

• stereotypical 판에 박힌, 진부한

writing tutor 이 글에 문제점이 있다면 뭘까요? 지나치게 개인적인 생각만을 나열하여 설득력이 다소 떨어진다는 느낌을 받지 않으셨나요? 그렇습니다. 물론 개인 의견을 물어보는 것이지만 그럴수록 개인이 경험한 구체적인 사례를 소개하여 일반적인 주장을 강화하는 것이 좋습니다.

Test

Goodbye

고민 많이 했다. 과연 어떻게 하면 영어 글쓰기를 좀 더 쉽게 독자들에게 전달해줄 수 있을까?

답은 간단했다. 본인 김지완이 했던 것처럼 체험학습보다 좋은 것은 없다는 결론에 도달하게 되었다. 다시 말해, 독자들이 우리의 설명을 약간 듣고서 바로 써보는 것이다.

자전거를 타보지 않고서는 탈 수 없듯이, 또 그 누구도 넘어지지 않고서는 자전거를 배울 수 없듯이, 영어로 글쓰기도 본인이 직접 써봐야지만 또 실수를 직접 거듭해봐야지만 할 수 있다.

"글은 써봐야 쓸 수 있고 말은 해봐야 할 수 있다."

이것은 간단한 진리다.
하지만 아직도 이 간단한 진리를 모른 채 혼자 흥에 겨워 지겨운 설명만 늘어놓는 선생님들도 많이 계신 것 같다.

Just do it!

어린 시절 우리는 이것을 알았기에 쉽게 언어를 배웠다.
다시 어릴 적 기억을 되살려보자.

김지완, 김영욱